生きるために本当に大切なこと

JN104116

角川文庫
22547

目次

第一章　時に海を見よ

第一章　時に海を見よ

卒業式を中止した立教新座高校三年生諸君へ

諸君らの研鑽《けんさん》の結果が、卒業の時を迎えた。その努力に、本校教職員を代表して心より祝意を述べる。

また、今日までの諸君らを支えてくれた多くの人々に、生徒諸君とともに感謝を申し上げる。とりわけ、強く、大きく、本校の教育を支えてくれた保護者の皆さんに、祝意を申し上げるとともに、心からの御礼を申し上げたい。未来に向かう晴れやかなこの時に、諸君に向かって小さなメッセージを残しておきたい。

このメッセージに、二週間前、「時に海を見よ」と題し、配布予定の学校便りにも掲載した。その時私の脳裏に浮かんだ海は、真っ青な大海原であった。しかし、今、私の目に浮かぶのは、津波になって荒れ狂い、濁流と化し、数多《あまた》の人命を奪い、憎んでも憎みきれない憎悪と嫌悪の海である。これから述べることは、あまりに甘く現実と離れた浪漫的まやかしに思えるかもしれない。私は躊躇《ちゅうちょ》した。しかし、私は今繰り広げられる悲惨な現実を前にして、どうしても以下のことを述べておきたいと思う。私はこのささやかなメッセージを続けることにした。

諸君らのほとんどは、大学に進学する。大学で学ぶとは、又、大学の場にあって、諸君がその時を得るということはいかなることか。大学に行くことは、他の道を行くこととといかなる相違があるのか。大学での青春とは、いかなることなのか。

大学に行くことは学ぶためであるという。そうか。学ぶことは一生のことである。いかなる状況にあっても、学ぶことに終わりはない。一生涯辞書を引き続けろ。新たなる知識を常に学べ。知ることに終わりはなく、知識に不動なるものはない。

大学だけが学ぶところではない。日本では、大学進学率は極めて高い水準にあるかもしれない。しかし、地球全体の視野で考えるならば、大学に行くものはまだ少数である。大学は、学ぶために行くと広言することの背後には、学ぶことに特権意識を持つ者の驕《おご》りがあるといってもいい。

多くの友人を得るために、大学に行くと云う者がいる。そうか。友人を得るためなら、このまま社会人になることのほうが近道かもしれない。どの社会にあろうとも、よき友人はできる。大学で得る友人が、すぐれたものであるなどといった保証はどこにもない。そんな思い上がりは捨てるべきだ。

楽しむために大学に行くという者がいる。エンジョイするために大学に行くと高言する者がいる。これほど鼻持ちならない言葉もない。ふざけるな。今この現実の前に真摯《しんし》であれ。

君らを待つ大学での時間とは、いかなる時間なのか。学ぶことでも、友人を得ることでも、楽しむためでもないとしたら、何のために大学に行くのか。

誤解を恐れずに、あえて、象徴的に云おう。

大学に行くとは、「海を見る自由」を得るためなのではないか。言葉を換えるならば、「立ち止まる自由」を得るためではないかと思う。現実を直視する自由だと言い換えてもいい。

中学・高校時代。君らに時間を制御する自由はなかった。遅刻・欠席は学校という名の下で管理された。又、それは保護者の下で管理されていた。諸君は管理されていたのだ。

大学を出て、就職したとしても、その構図は変わりない。無断欠席など、会社で許されるはずがない。高校時代も、又会社に勤めても時間を管理するのは、自分ではなく他者なのだ。それは、家庭を持っても変わらない。愛する人を持っても、それは変わらない。愛する人は、愛している人の時間を管理する。

大学という青春の時間は、時間を自分が管理できる煌《きら》めきの時なのだ。

池袋《いけぶくろ》行きの電車に乗ったとしよう。諸君の脳裏に波の音が聞こえた時、君は途中下車して海に行けるのだ。高校時代、そんなことは許されていない。働いてもそんなことは出来ない。家庭を持ってもそんなことは出来ない。

「今日ひとりで海を見てきたよ」

そんなことを私は妻や子供の前で言えない。大学での友人ならば、黙って頷《うなず》いてくれるに違いない。

悲惨な現実を前にしても云おう。波の音は、さざ波のような調べでないかもしれない。荒れ狂う鉛色の波の音かもしれない。

時に、孤独を直視せよ。海原の前に一人立て。自分の夢が何であるか。海に向かって問え。青春とは、孤独を直視することなのだ。直視の自由を得ることなのだ。大学に行くということの豊潤さを、自由の時に変えるのだ。自己が管理する時間を、ダイナミックに手中におさめよ。流れに任せて、時間の空費にうつつを抜かすな。

いかなる困難に出会おうとも、自己を直視すること以外に道はない。いかに悲しみの涙の淵《ふち》に沈もうとも、それを直視することの他に我々にすべはない。

海を見つめ、大海に出よ。嵐にたけり狂っていても海に出よ。

真っ正直に生きよ。くそまじめな男になれ。一途《いちず》な男になれ。貧しさを恐れるな。

男たちよ。船出の時が来たのだ。思い出に沈殿するな。未来に向かえ。別れのカウントダウンが始まった。忘れようとしても忘れえぬであろう大震災の時のこの卒業の時を忘れるな。

鎮魂の黒き喪章を胸に、今は真っ白の帆を上げる時なのだ。愛される存在から愛する存在に変われ。愛に受け身はない。

教職員一同とともに、諸君等のために真理への船出に高らかに銅鑼《どら》を鳴らそう。

「真理はあなたたちを自由にする（Η ΑΛΗΘΕΙΑ ΕΛΕΥΘΕΡΩΣΕΙ ΥΜΑΣ　ヘー　アレーテイア　エレウテローセイ　ヒュマース）」


（ヨハネによる福音書8章32節）


一言付言する。

歴史上かってない惨状が今も日本列島の多くの地域に存在する。あまりに痛ましい状況である。祝意を避けるべきではないかという意見もあろう。だが私は、今この時だからこそ、諸君を未来に送り出したいとも思う。惨状を目の当たりにして、私は思う。自然とは何か。自然との共存とは何か。文明の進歩とは何か。原子力発電所の事故には、科学の進歩とは何かを痛烈に思う。原子力発電所の危険が叫ばれたとき、私がいかなる行動をしたか、悔恨の思いも浮かぶ。救援隊も続々被災地に行っている。いち早く、中国・韓国の隣人がやってきた。アメリカ軍は三陸《さんりく》沖に空母を派遣し、へリポートの基地を提供し、ロシアは天然ガスの供給を提示した。窮状を抱えたニュージーランドからも支援が来た。世界の各国から多くの救援が来ている。地球人とは何か。地球上に共に生きるということは何か。そのことを考える。

泥の海から、救い出された赤子を抱き、立ち尽くす母の姿があった。行方不明の母を呼び、泣き叫ぶ少女の姿がテレビに映る。家族のために生きようとしたと語る父の姿もテレビにあった。今この時こそ親子の絆《きずな》とは何か。命とは何かを直視して問うべきなのだ。

今ここで高校を卒業できることの重みを深く共に考えよう。そして、被災地にあって、命そのものに対峙《たいじ》して、生きることに懸命の力を振り絞る友人たちのために、声を上げよう。共に共に今ここに私たちがいることを。

被災された多くの方々に心からの哀悼の意を表するとともに、この悲しみを胸に我々は新たなる旅立ちを誓っていきたい。

巣立ちゆく立教《りっきょう》の若き健児よ。日本復興の先兵となれ。

本校校舎玄関前に、震災にあった人々へのための義捐《ぎえん》金の箱を設けた。（三月三一日一〇時から予定されているチャペルでの卒業礼拝でも献金をお願いする）被災者の人々への援助をお願いしたい。もとより、ささやかな一助たらんとするものであるが、悲しみを希望に変える今日という日を忘れぬためである。卒業生一同として、被災地に送らせていただきたい。

梅花春雨に涙す二〇一一年弥生《やよい》一五日。

立教新座《にいざ》中学・高等学校　校長　渡辺憲司

命二つ

命二つの中に活きたる桜かな

これは、『野ざらし紀行』にある、松尾《まつお》芭蕉《ばしょう》の一句だ。

前書きに、「水口にて二十年を経て故人にあふ」と、ある。芭蕉が、今の滋賀県甲《こう》賀《か》市の水口《みなくち》で作った句である。

故人は、普通は死んだ人のことを言うが、ここでは、違う。古い友人といった意味だ。古い友人とは、芭蕉の弟子であり、友人とも言いうる、服部土芳《はっとりとほう》のこと。二〇年ぶりに友人に会った時の思いを述べた句だ。

「二〇年あまりも会うことのなかった友人二人が、命あって再会することができた。その喜びの二人の中に、桜がいきいきと咲いている」といった解釈になる。

「活《い》きたる」は別の本では、「生きたる」と書かれている。どちらにしても、二人の命が生きて会えることと、活き活きとした桜の花を形容しているのである。

この句の背景は、以上のようなものだ。私が今この句を取り上げたのは、「命二つ」という初めの五句を思い出し、又、この学舎に咲く桜の木を思ったからだ。

句の成立した背景を超えて、命二つという発想が、心に強く響いてきたからである。私たちは、命を自分一人のものと考えがちだ。かけがえのない命は、もちろん自分だけのもの。他の人と取り換えようのないものである。

私は〝命一つ〟と考えていた。

それを芭蕉は、まず〝命二つ〟と切り出したのだ。

命は、自分一人のものだが、一人で支えているものではない。単数ではなく、複数の命によって支えられているのだ。他者の存在なしに、命はありえない。

親と自分、友人と自分、他者と自己、それぞれがその命を自分の中に大切に抱えながら、親、友人、もうひとつの命に支えられ、〃命二つ〃の中で生きているのだ。

命は一つで生きていくことはできないのだ。

自分にかけがえのない命は、相手にとってもかけがえのない命である。

人は誰もが意地悪な面を持っている。今まで、一度も人に意地悪をしたことのない人はいないだろう。相手の心を傷つけたことのない人もいない。傷つけたことがないと思っている人でも、相手が傷つけられたと思っていたことはきっとあるはずだ。

私は、君たちより長く生き、君たち以上に人を傷つけてきたに違いない。私は、自分の命が自分だけのものと勘違いしていた。勘違いではなく、「命は一つ」と、思い込んでいたのだ。

〃命二つ〃と、考えることは、相手の心に近づき、自分の身を相手に重ねることである。互いに命の尊厳を認め合うということだ。

暴力は、命の尊厳の否定だ。いじめは、相手の命を無視することだ。

暴力は、相手の心に土足で入り込む乱暴だ。乱暴は許されない。いじめは、最悪の暴力だ。

桜が咲いた。命二つ新たな時を迎えた。

互いに命を思いやり、活き活きと、この学舎《まなびや》の桜の木の下で出発しよう。

二〇一一年の北国の春は悲しい春になった。何時もなら、南から桜前線の便りが、届けられ、その北上に、心が躍った。今年はその便りに浮き立つことはなかった。

しかし、桜は咲いた。今年ほど桜の下の命の大切さを思わない春はない。

被災者の方々の辛苦は言語表現の及ぶ範囲を超えている。

深い悲しみの中で、入学式を前にした君たちと同じ年代の少年の笑顔がテレビに映し出された。誰もが、悲しみを胸に秘めている。私にも不安がある。悲しみがある。

しかし、私はその少年の笑顔を見た時、勇気づけられている自分に気づいた。少しでも被災地の方を勇気づけなければならないと考えていた自分が勇気づけられたのだ。

そのパラドックスに戸惑いながらも私は今それを素直に謙虚に受け止めたいと思う。

何げない日常がいかにかけがえのない尊いものであるかを、少年の笑顔が、私の惰眠を覚醒《かくせい》したのだ。

私たちは、この日を、日常を支えるすべての人に感謝して迎えたいと思う。

謙虚に、しっかりと互いに命の尊さを思いながら、入学の時を迎えたいと思う。

十五の春へ

不来方《こずかた》のお城の草に寝ころびて　空に吸はれし　十五の心　石川啄木《いしかわたくぼく》

石川啄木が二五歳の時、明治四三年（一九一〇年）に発表した歌だ。懐かしい一五の頃を思って歌ったものである。不来方は盛岡《もりおか》城のことであろう、私の注目は、「空に吸はれし　十五の心」といった点にある。

草の上に寝ころび空に吸われていく自分の心を思う。城跡の野原に作者は寝ころびながら空を見て、その空と自分を一体化しているのだ。

空を見ながら、色々のことを思うのだ。

これまでに色々のことがあった。入学から今まで、悲しいことの方が多かったかもしれない。寂しいことが多かったかもしれない。悔しいことも多かったかもしれない。

そんな思いが空に吸われていくのだ。

空の向こうに天空海闊《てんくうかいかつ》という文字が浮かんだ。天空海闊。天と空と海が一緒になり、天と空と海が果てしなく広がるという意味だが、人物の心の許容範囲が広く大きく、相手に対して何のわだかまりもないことも言う。

多くの神話は、天と空と海を分けることから始まる。天空海闊はそれに逆行している表現のようにも思える。天と空と海が分け隔てなく広がるというのだ。人間の世界が誕生する以前からあった宇宙の広がりといっていいのかもしれない。そんな広がりの中での心の動きだ。天空海闊に引き込まれ吸われていくのである。

空に凧《たこ》をあげた。

凧揚げには長い歴史と多くの起源説がある。戦のためとか、虫追いのためとか、呪《まじな》いのためとか。諸説の中で、私は江戸時代に言い伝えられた、男の子に空を見せるためだという説に惹《ひ》かれる。男の子は空を見上げなければならないというのだ。どんな時にも下を見るなと云うのである。

空に吸われ、空か海かも見定めず、上を見ている少年。十五の春。私は今の自分のこの時を大切にしてほしいと切に思う。空に吸われるという感性は、おそらく十五歳が持つ特権的存在意識ではないかと思う。

今の君たちを待つのは、青春と呼ばれる、愛への喜びの時であり、愛することへの挫折《ざせつ》の予感だ。青春の入口に立っているのだ。少年は今青年への羽化の時期を迎えようとしているのだ。これから数年間は、親からも保護されるだろう。しかし同時に今までの親の愛から離れる時でもあるのだ。親と自己の新たな関係が構築されなければならない時なのだ。親から愛される自己ではなく、親を愛する自己に変わらねばならない旅立ちの時なのだ。甘えからきっぱりと離れる出発だ。

真正面から今抱える悩みに向かって欲しいと思う。今十五歳。この時が人生で空を見上げ、吸い込まれる自分を感じるその時なのだ。新たな出発の時であることを感じるのだ。そして今、空を見上げ、天空海闊の四文字を刻み、君の手で凧をあげてほしいと思う。

凧は、手に持つ糸がなければ、空で行き場所を失う。自由を奪われる。糸は自分で持つしかないのだ。君は今凧と一緒に空に吸いこまれようとしているのだ。凧はどこまで吸い込まれていっても、一筋の糸に繫《つな》がっている。

如何《いか》に苦しくても、如何に辛《つら》くても、自分の信じる一筋の糸を手繰り寄せるのだ。天空海闊の未来を手繰り寄せる諸君のかじとりは、今ここに始まるのだ。

十五の春には、十五の春のみが持つ正義があるはずだ。くやしさがあるはずだ。公正な判断があるはずだ。今の純粋な思いを心中の核として、柱として、上を見て、空を見て、前に、前に、前に進んでほしい。

一年前の地震・津波・放射能汚染。それは今も癒えぬままだ。痛恨の不幸は、広がっている。それは忘れてはならぬ不幸だ。

悲しみを前に私たちが出来ることは、生活の襟を正すことだ。他者の悲しみを共有することは、難事だ。難しいことだ。しかし私たちは共有の難しさを投げ出してはならない。

君たちが迎えた十五の春に有頂天は許されない。軽やかな冗談も、弾むようなリズムも、被災地の悲劇を思う時、祝意に重ねることは出来ない。

今諸君に出来ることは、被災地への労働力ではない。誤解を恐れずに言えば、被災地での活動ではない。今諸君に求められているのは、悲しみに沈み、帰ろうとしても帰れない十五の春との連帯だ。心をつなぎ合うことなのだ。心で肩を組むことなのだ。

悲しみを、自分を導く針路にしなければならない。その思いは諸君の未来へのかけがえのない宝物になるはずだ。悲しみを未来への光にすることの出来るのは君たちだ。

私は今ここにある存在の重みを、今ここにいるすべての人と感謝したい。

諸君の旅立ちを伝えるチャペルの鐘の音は、君たちに祝福を送るすべての人にも聞こえているにちがいない。

孤独を見つめよ

祈りの中で、私は、東北の町を思い出す。

美しいところである。

最初の旅は、教師になって五年目、三〇歳の時だった。修道院に入ることを本気で考え、悩んでいた高校三年生の教え子を、私は唐突に東北の旅に誘った。受験を前に煩悶《はんもん》する彼に、私は、大地から美しい海に流れ込む北上《きたかみ》川の夕焼けを見せたいと思った。

「学ぶとは――」

「現実とは――」

「神の存在とは――」

「祈りとは――」

私は何ひとつ答えることができない。

真面目に考え込む彼に、その光景を見せることで、修道院に入ることよりも、今は若い時にしか見ることのできないもっと大切なものがあるのではないか、と伝えたかった。

　聖なるもの、世俗のもの、それらすべてを飲み込みながら太平洋に注ぐ北上川を見て、彼は何かを感じてくれたのではないか。

　彼は今、キリスト教史を専攻する国立大学の教授である。

　二〇一一年三月一一日。あの日も、凄惨《せいさん》な濁流が上ってくるまで、北上は海に向かい静かに流れていたに違いない。


　すべてを津波に飲み込まれてしまった町々の、惨憺《さんたん》たる光景を映像で目にすると、あの旅で見た美しい松島《まつしま》の光景を思い出す。

　宮城県の松島海岸は、古くから美景の地として知られた場所だ。松尾芭蕉も『おくのほそ道』の中で「扶桑第一の好風」（日本でもっとも美しい風景である）と、松島の景観を称《たた》えている。


　島々の数をつくして、そばだつものは天を指《ゆびさし》、ふすものは波にはらばふ。あるは二重にかさなり三重に畳みて、左にわかれ右につらなる。負《おへ》るあり抱《いだけ》るあり、児《じ》孫《そん》愛すがごとし。松の緑こまやかに、枝葉汐風に吹きたわめて、屈曲おのづから矯《た》めたるがごとし。其気色《けしき》窅然《えうぜん》として美人の顔《かんばせ》を粧《よそほ》ふ。ちはや振《ぶる》神のむかし、大《おほ》山《やま》つみのなせるわざにや。造化《ざうくわ》の天工《てんこう》、いづれの人か筆をふるひ詞をつくさむ。

松尾芭蕉『おくのほそ道』

（多くの島々が浮かんでいる。ある島はそそり立ち天を指し、臥《ふ》すがごとき島は波にはらばったようである。二重に、またあるものは三重に重なって見え、左の島と離れたかと思うと右の島につながる。小さな島を背負うが如きもの、抱いた形になったものなど、これらは子供か孫でも大切に慈《いつく》しんでいる感じである。松の緑は色濃く、枝は潮風で曲がり吹きたわめられ、屈曲した形は、自然にそうなったかのようにできあがっている。その景色は、神秘をたたえ美しく、あたかも美女の美しい顔にさらに化粧をほどこしたかと思われるばかりである。神代のむかし、大山祇の造った芸術品でもあろうか。この天地創造の神の名品を、誰が筆をとって活写し、言葉をつらねて言いつくすことができようか）

久しぶりに、『おくのほそ道』を読み返した。大きな災害に見舞われた直後に読むと、新たな思いが胸に迫り来る。

芭蕉は、この作品の中で、日本海側の象潟《きさかた》と太平洋側の松島とを比べて、「松島は笑っているような明るさがあり、象潟はうらんでいるような哀感がある」とも書いている。

確かに、松島を含め三陸という地は、全体的に明るく、優しさを持っているという印象だ。日本の白砂青松一〇〇選のひとつ、釜石《かまいし》の根浜《ねばま》海岸。年間九〇万人が訪れていた、宮古《みやこ》の浄土ヶ浜《じょうどがはま》。松の緑と白い岩肌と透き通った海。極楽浄土と呼ばれた安らぎがあった。

そんなことを思いながら『おくのほそ道』を読む。

芭蕉における松島の情景への古典的描写によって、その地に秘められた普遍的な美しさが行間から立ち上る。

松島湾内の大小二六〇余りの島々が緩衝《かんしょう》となり、津波の被害は比較的少なかったと聞く。しかし、あの荒れ狂う津波が松島に襲いかかった時、天地創造主の名品とまで評価されたこの美しさはどのような表情をしていたのであろうか。松島はその勝景を保ち得たのだろうか。

ここで『おくのほそ道』を出したのには、もうひとつ、大きな理由がある。私は、若い君たちに「海を見よ」と言った。その意味を、『おくのほそ道』は教えてくれるかもしれない。

芭蕉の奥の細道の旅は、家族というぬくもりから距離を置くことから始まった。彼は、旅をすることで漂泊に身を置き、孤独を見つめようとしたのだ。

草の戸も住替る代ぞ雛の家

『おくのほそ道』の冒頭で芭蕉がよんだ句である。

「自分の淋《さび》しい家も、自分がいなくなったら、雛飾《ひなかざ》りをして家族団欒《だんらん》を過ごす家にかわるのであろう」という意味だ。芭蕉は、少々投げやりな気もしないではない、この句をよみ、旅に出たのである。

芭蕉は、旅をしながら孤独を見つめ続けた。

芭蕉は生涯正式な家族を持つことはなかった。彼に妻がいたか、子供がいたかは不明である。

先にも紹介したが、彼は松島の光景を「児孫愛すがごとし（子供か孫でも寵愛《ちょうあい》している感じ)」と綴《つづ》っている。ここには芭蕉の深い逆説的思いがある。芭蕉は漂泊に身を置き、孤独を見つめることで、家族なるものを思っているのだ。

海を見よ。

この、私のメッセージには、「孤独の時間を見つめよ」という思いが込められている。孤独の時間を見つめることで、芭蕉と同じように、その裏側から照らし出されるものに気づいて欲しいと願う。もっと言うと、孤独を見つめることで、多くの人とつながっていることを感じて欲しいのだ。

「自分はひとりである」ことを見つめると、「相手もひとりだ」ということが見えてくるのではなかろうか。

そして、互いが、世界でたったひとりの存在であり「個」であることを認識する。誰もが違った存在であるからこそ、互いに結びつかなくてはならないこともわかるだろう。孤独になることで、互いが淋《さび》しい存在であり、何かを必要としていることも見えてくる。それが「孤独の時間を持つことが、多くの人とつながる」ということだ。

孤独を見つめることは、青春には不可欠な訓練だ。しがらみだらけの、齢《よわい》を重ねた私などとは違い、君たちはひとりの時間を十分に持つことができるのだ。親からも離れ、さまざまなことを遮断して物事を考え、自分の存在や自分という個の重さを感じて欲しい。

孤独を見つめることは、孤独に追いやられることではない。自分の意思にかかわらず孤独に追いやられれば、淋しさが膨らんでくるだろう。しかし、それと、孤独を見つめるということは、また違ったものだ。「孤独を見つめる」とは、自分が意識して孤独を求めることだ。能動的な行動なのだ。

孤独を恐れてはいけない。

近頃の若者（あまり、こういう表現はしたくはないのだが）は、ひとりでいることを怖がる傾向があるようだ。いつも誰かとつながっていなくては不安にもなるようで、携帯電話が手放せない者も多いと聞く。

彼らの気持ちもわからなくはない。人と一緒にいる。それは、時として非常に大事なことである。

しかし、常に人と群れている必要はない。ひとり黙々と弁当を食べていてもいいではないか。「暗いヤツと思われないだろうか」などと気に病むことはない。人目を気にする者も少なくないが、他のヤツの目を気にすることなく、堂々と孤独を見つめて欲しいと思う。

海を見に行く時は、携帯電話を置いて行け。

親は心配するかもしれない。しかし、無意味なメールを交わすだけの携帯電話なら家に置き去りにしたまま、二、三日は海を見に出かけてもいいのではないか。ある意味、「家出」だが、それは君たちにとって大切な行動だ。一八歳の君たちは、これまで親の管理下にあった。親から守られてもいた。しかし、そろそろ自立すべき時ではないだろうか。

高校を卒業したら、「家」という自分の過去の遺産から離れなくてはならない。今までは「誰々の子供」だったかもしれないが、これからは「どこの馬の骨かわからない個人」が非常に重要になってくる。そのことを認識して欲しい。

親から離れろということである。そのためには、物理的に、だけでなく、精神的な「家出」が必要なのだ。自分から意識して親から離れる。それは「孤独を見つめる」ことにもつながっている。

夢を抱け

私が校長をつとめる立教新座高校の野球部監督に、高林孝行《たかばやしたかゆき》氏を迎え入れたことがある。高林氏は、日本チームがアトランタオリンピックで銀メダルを獲得した際の立役者で、立教高校の甲子園出場や立教大学の東京六大学野球の優勝にも貢献した著名な野球人だ。この人に、我が高校野球部の監督をしてもらいたい、と強く私が思ったのは、もちろん、野球部に強くなって欲しいということもある。しかし、私を突き動かしたのは、彼が球児にとって、憧《あこが》れ、つまり「夢の存在」だからである。私は「夢の存在」を、若者に直接ぶつけたいと考えたのだ。

若者よ、「夢」を抱け。

その夢に向かう時には、「形」を見ることが大切だが、高林氏は、ある者にとっては「形」そのものだ。「形」とは、「本物」と言い換えることもできる。プロのアスリートの最高のプレー、一流の音楽家の生演奏、歴史にその名を残す画家たちの傑作、優れた文学……。「本物」に触れることが、夢への導き、導火線になる、と私は信じている。むろん、君たちは、この導火線を意図的に選び取っていかねばならない。

「本物に近いもの」で満足してはいないか。「本物に近いもの」だけを求めてはいないか。絵画の素晴らしさは印刷物ではわからない。一流の音楽の良さはＣＤやパソコンではわからない。目の前で観て、聴いてこそ、心に響いてくるのだ。感受性豊かな若いうちに、意図的に選び取った数々の「本物」に触れ、何かを心に刻み込んで欲しい。それが、君の夢につながっていくのである。

私は高校三年生の時に父を亡くしている。以来、私は無意識のうちに常に「父なるもの」を探してきた。それが私の原動力になってきたのだ。何かを失うことによって何かを欲することが、私の夢を形作ってきたのかもしれない。君たちも、自分が何を失ったか、自分には何が欠けているかに気がつかねばならない。そうすることで夢は作られるのだ。

君たちの長い人生はまだ始まったばかりである。この先、楽しいことだけでなく、幾多の悲しみや苦しみにも遭遇することだろう。しかし、それは必ず自分の力になることを信じて欲しい。自分を突き動かしてくれるのは、喜びよりも、むしろ悲しみや苦しみなど負の感情だ。

その意味では、「苦労は買ってでもしろ」である。例えば、君の前に、満足できるイージーな道と、不満だらけのいかにも困難そうな道のふたつがあったとしたら、後者の道を選べ、と私は言いたい。完璧《かんぺき》ではない、不満だらけの道を進むことで夢は作られる。その実現に向けて走り続けることができるのだ。満たされた者に夢はない。

夢を求める力は、君たちに勇気を与える。

知識の積み重ねが夢を育てるのではない。知識のみが夢を育《はぐく》むとしたら、夢は枯渇する。夢を求める原動力は想像力である。想像力に終わりはない。

「夢」、そして「希望」。

これらの言葉は、対で用いられることが多いが、ふたつの意味には微妙な違いがある。希望は、「叶《かな》えられた」「叶えられなかった」というように、ある種、達成の評価のようなものがあるが、夢にはそれがない。「最後まで結論が出ないかもしれないもの」が夢である。しかし、だからこそ、抱き続けることができるのではないか。

坂本龍馬《さかもとりょうま》は、日本歴史上の人物で、もっとも「海」と「夢」が似合う男である。そんな龍馬を愛する人は多い。私もそのひとりだ。

――日本を今一度洗濯いたし申候事にいたすべくとの神願にて候

龍馬が三歳年上の姉・乙女《おとめ》にあてた手紙の中には、このようなくだりがある。ここには、すべての人の幸福と平等を願い、新しい時代の到来を願った龍馬の夢が込められている。

相反する意見が衝突し、結果としてひとつの方向に向かうとき、必ずや不平、不満が敗者の側で尾を引く。それでも時代は勝者に傾きながら、勝者をリーダーとして進んでいく。

だが、日本の夢を引っ張っていった龍馬の資質は、勝者としてのリーダーでは決してない。龍馬はいつも中立の立場にあった。土佐《とさ》では、藩士と郷士の間にあったし、幕府と反幕府勢力の間にあっても、どちらかの立場に一方的に加担することはなかった。薩摩《さつま》と長州《ちょうしゅう》の間にあったときもそうだった。薩長同盟を成功させるべく、その和解に奔走したのである。龍馬は、大政奉還の最大の功労者でありながら、その「新官制擬定書」（新たな政府の役職のために取り決めた文書）に、自分の名前を記していない。龍馬の夢は、権力を得ることに拘泥していなかった。要は、体制にこびることがなかったのである。龍馬の具体的な夢は、海に向かっていた。世界を、国家の代表としてではなく、ひとりの青年として、一個人として巡ることであった。世界を見ることが、龍馬の夢だったのだ。

「北海道ですか、アレはずつと前から海援隊で開拓すると云つて居りました。私も行く積りで、北海道の言葉を一々手帳へ書き付けて毎日稽古して居りました」

妻・お龍《りょう》が『千里駒後日譚《せんりのこまごじつのはなし》』の中で語っているように、龍馬の夢は、蝦夷地《えぞち》（北海道）の開拓にもあった。友人の印藤肇《いんどうはじめ》にしたためた長い手紙の中にも、彼の、蝦夷地開拓の夢は綴られている。

「小弟は、エゾに渡らんとせし頃より、新国を開き候は積年の思ひ一世の思ひ出に候間、何卒一人でなりともやり付申べくと存居候」

続けて「エゾ」での「新国」建設を具体的なものにすべく、下関《しものせき》の富家である伊藤《いとう》家の協力が得られること、大洲《おおず》藩の蒸気船「いろは丸」借り入れのことが記されている。北の大地での新しい国家建設の夢を見ていた龍馬。この開拓の同志として彼が選ぼうとしていたのは、尊王派によって敗者となった過激な佐幕派の友人であった。維新によって、革命によって、流浪の身となった人たちだ。ここにもまた、龍馬の愛と夢が込められている。

実際、龍馬は、およそ四千両もの寄付金を集め、摂津《せっつ》の過激派二百数十人をアメリカ製幕府御用軍艦「黒龍丸《こくりゅうまる》」に乗せて蝦夷開拓に向かわせようと計画したこともある。薩摩藩の協力を得て、洋帆船「ワイルウェフ号」を購入し、新天地に向けて出港した

ことも ある。しかし、同船は暴風雨によって沈没。乗船していた若者一二名の命が失われるという悲劇に見舞われる。このとき龍馬は、痛恨の思いで、手控え帖《ちょう》に死者の名を刻印し、「人生実に猶《なお》夢のごとし」と書き送ったのであった。

過去のわだかまりを越えて新天地北海道を目指したのが龍馬の夢であった。その夢は結局叶わなかったが、のちに多くの犠牲を払いながら（もとより、先住のアイヌの人々の痛恨の思いを前提としなくてはならない）、北の原野は、龍馬の夢を引き継いだ自由民権論者たちや旧幕府の人々によって切り開かれていったのである。

過去にこだわる者は夢を持つことができない。

海の向こうに夢を追う者は、いつも新たなる志を持たねばならない。

蘇生《そせい》なき夢はない。

紳士たれ

明治九年（一八七六年）八月一四日、札幌農学校（現在の北海道大学）の開校式が挙行された。この時、初代教頭に就任したクラーク博士は、すでに用意されていた校則の条項すべてを抹消し、「紳士であれ」の一条のみとした、という逸話がある。ちなみに、クラーク博士とは、かの有名な「Boys, be ambitious（少年よ、大志を抱け）」の言葉を残した人物だ。

他のすべての校則を廃止して「紳士であれ」のみとしたという話に、私はいたく感動し、共感している。私自身、君たちに、紳士であって欲しいと願っているのだ。

私が考える「紳士」とは、表面的、感覚的なものではない。生き方の問題だ。

紳士たることとの第一条件は、「非暴力」である。

私は、いかなる理由があっても、暴力を禁じる。暴力のいかなる正当性も認めない。それは、ガンジーの無抵抗・非暴力の思想にもつながる厳しいものでなくてはならない。愛の鞭《むち》などと言って、暴力を是認する人がいる。父が子に、母が子に、躾《しつけ》だと言って、暴力を振るう。先輩が後輩に対して、訓練などと言って、暴力を振るう。教育の一環だと言って、生徒に暴力を振るう教師がいる。体罰など言語道断である。

私はそれらの一切を認めない。暴力的行為には、厳罰を処すべきである。

米国から日本にやってきたペルリ提督一行が驚いたのは、日本の少年少女がいかにのびやかに生活しているかであった。大声をあげて騒ぎ、路上で走り回る子供たちを見たペルリは、このような状態に、米国では鞭をもって制すると言ったそうだ。それを聞いた人々は、鞭とは何ですかと質問し、その鞭は馬に使うもので人間に使うものではないと怪訝《けげん》な顔をしたそうだ。日本の文化の伝統には、非暴力の思想があった。それが崩れたのは、近代化に名を借りた軍国主義によってである。

また、新渡戸《にとべ》稲造《いなぞう》は、誠の武士道とは、剣を抜かずして相手を倒すことだと言ったそうだ。武士道の倫理は、剣に対しても、己に対しても厳しいものだった。

私が立教大学の野球部長の頃、合宿でいわゆるケツバットでコーチが選手を叱咤《しった》した話を皆でおもしろおかしく聞いていた。その時、かつてプロ野球で活躍した先輩が突然、激怒した。バットは選手の命である。それを使うとは何事か、と言うのである。道具をもって、相手を殴打するなどはもってのほかである。卑怯《ひきょう》者のすることである。

原義克《はらよしかつ》先生は、剣道八段の達人である。先生から、相撲部屋の練習に竹刀を用いていることに、剣道連盟が厳重抗議をしたということを聞いた。これも、暴力否定のスポーツマンシップのいい話である。

兵学校のことなどを持ち出すことに躊躇を感じるが、海軍兵学校では、陸軍兵学校の暴力的制裁を嫌悪し、そして、暴力によって指導することが指導力のなさの証《あか》しであると、大いに恥じたということを、聞いた。

規律に暴力を使うのは、紳士として恥ずべきことである。

暴力とは、何か。

もちろん、殴る、蹴《け》るなどといった身体的動作が伴う行為は、暴力である。それは言を俟《ま》つまでもない。

身体的動作のみではない。ある意味では、それよりもさらに陰湿な唾棄《だき》すべき行為は、精神的暴力である。言葉による暴力と言い換えてもいい。悲しい思いをしている者や、弱い者に向かって浴びせる罵詈《ばり》雑言《ぞうごん》は、決して許されるものではない。それが、集団でなされるなどといったことは、あってはならない行為である。ネット上の心ない書き込みも暴力である。相手のいやがることを黒板に書いたり、手紙に書いたりする。それも暴力である。

いじめによる暴力を行う、その行為者は、いかなる理由があろうとも容赦はしない。異性に対する嫌がらせ、セクシャルハラスメントも許すことはできない。

君たちには、愚直に、真っ正直に生きて欲しい。また、そんな自分に誇りを持って欲しい。そしてきちんと身を正す。それが「紳士である」ということだ。

すこしくらい粗野でもいい。二〇歳を過ぎたら、君たちも酒を飲むようになるだろう。時には歓を尽くし杯をくみかわせ。無礼講で飲むこともあろう。たとえ羽目を外したとしても、店を出る時には、脱ぎすてたスリッパをそろえ、店の人に向かって「ありがとう」と必ず言うのが、紳士の道だ。酔いにまかせて我を忘れるな。帰り際には毅然《きぜん》たる男になれ。

同じように、たとえ乱暴な運転のタクシーに乗ったとしても、降りる時には「ありがとう」と言う。そうした精神を持っているのが、紳士なのだ。

文武両道という言葉がある。しかし、私は、「文武一道」でいいと考えている。「文」を極めれば「武」が見えてくるし、「武」を極めれば「文」が見えてくる。机に向かう勉強が嫌いで、スポーツに打ち込んでいる者に文学の感動が伝わり、運動が苦手で本ばかり読んでいる者もスポーツの心が理解できるのだ。

「あれもできる、これもできる」でなくていい。君たちには、必ず自分ができることがある。「〇〇ができない」でなく、「できる××がある」。この「××」を大事にして生きて欲しいのだ。

ひとつのことにひたむきになれば、必ず道は開ける。井戸は大海に続いているのだ。

自分の身の丈に合った井戸を掘り続ければ、最後は大海にたどり着くことができる。

自分に素直に向き合え。

自分に自信を持て。

自分が大切だと思えるものに向かって行け。

勉強はできないがスポーツには自信があるというなら、それを極めよ。部活はやらず、授業が終わってまっすぐ帰宅する君なら、その生活をまじめに続ければいい。人から「ガリ勉」と揶揄《やゆ》されようと、勉強が好きなら、勉強だけに打ち込めばいい。

先日、中学の卒業式が終わった後、玄関前で本校の高校への進学を断念した生徒に会った。彼は、学業面で躓《つまず》いたのだが、これからは、学校を変え、自分が本当に好きなボクシングに打ち込むという。

「君に、『文武一道』という言葉を贈るよ。頑張りなさい」

私の言葉を聞いて、少年は小さくうなずいた。彼は、これから紳士の道を歩み始める。自分がどういう形で生きていくかの輪郭を持ち、それを大事にするのが、「紳士」なのである。

自分がきちんと身を正せば校則など要らない。校則よりも大切なのは、自分がいかに身を正すかだ、とクラーク博士は言いたかったのではないか。少なくとも私はそう理解している。身を正すとは、自分が信じている道を進むこと。自分の心への誠実さを持て。周囲の外見的な規則や虚飾や虚勢を削《そ》ぎ落とし、自信を持ってシンプルに生きろ。それが、「紳士である」ということなのだ。厳しさと優しさが共存しているのが紳士の道である。優しさを守るためには厳しさがなければならない。

諸君、誇り高く、毅然として、胸を張れ。

正義の心を持て。弱き者を守り通す人であれ。

自然との共存

東日本大震災が私たちに提示した課題はあまりにも重い。

自然とは何か。自然との共存とは何か。

私は、「自然を破壊する」と言って、有明海《ありあけ》の堤防建設に反対していた。数百年に一度あるかないかの災害に膨大な国家予算を使うことを、私は無駄遣いだと断じ、生物も死に絶えると訴えた。津波で大きな被害を受けた奥尻島《おくしり》を囲む、コンクリートの防潮堤には、あまりに無骨であると嘆きもした。

この行動を、今回の惨状を前にしてどのように説明するのか。今、その答えは明確ではない。しかし、その答えに窮しても、それでもなお、私は自然との共存を問わねばなるまいと考えている。

かつて私は、アメリカ、マサチューセッツ州にあるコンコードという町を訪れたことがある。自然との共生を願う人々のバイブル的存在であるヘンリー・デイビッド・ソロー著『ウォールデン　森の生活』の舞台となった地だ。ソローは、この町にあるウォールデン池畔に簡素な家を建てて生活した。その記録が、『ウォールデン　森の生活』である。

――ウォールデンのほとりに住んでいれば神と天国にいちばん近づけるのだから

――いっそこの湖を「神の滴」と名づけることにしてはどうだろうか

私は、作品中のこうした記述を読んで、勝手な想像をしていた。ウォールデン湖は人を寄せつけないような神秘的な池だと思い込んでいたのだ。だが、そうではなかった。夏には多くの人がここで泳ぐという。私が行った時にも泳いでいる人がいたし、釣り人が「今日は何も釣れないね」などと話しかけてくる。池の周囲は歩いて一時間ほど。散歩を楽しむ人も多い。日本の観光地と違って土産物店も自動販売機もないが、ここは現地の人にとっては、レジャーを楽しむ身近な観光地だったのだ。そんな場所が「環境問題の聖地」とされていることに、私は驚きを隠せなかった。私たちが環境問題を語る時、自然と人々の生活を完全に切り離したものとしてとらえがちだ。しかし、それは間違っていることを思い知らされた。

コンコードの人々は、生活の中に環境を取り込んで暮らしている。「自然」と「生活」は決して切り離して考えるべきものではない、と痛切に感じたのであった。

ウォールデン池は、コンコードの人にとっては、東京に住む人にとっての箱根《はこね》よりも身近な観光地、というより、ちょっとした憩いの場だ。東京なら石神井《しゃくじい》公園といったところか。それを人々は「環境問題の聖地」と呼ぶ。文明の発達に、便利という虚飾の美名を与えながら、私たちは何か大切なことを置き去りにしているのかもしれない。

『ウォールデン　森の生活』は、最終章を次のように終えている。

われわれの目をくらます光は、われわれにとっては暗闇である。われわれが目覚める日だけが夜明けを迎えるのだ。新たな夜明けが訪れようとしている。太陽は明けの明星にすぎない。

私たちは、自らの力で目覚めた人たちのことを知っている。自然との調和を回復し、新たな夜明けをつかんだ人たちである。

熊本県、水俣《みなまた》。ここは、かつて企業の工場から流された廃液によって海や川が水銀で汚染され、そこで捕れた魚介類を食べた住民に甚大な健康被害がもたらされた地だ。その、環境汚染による食物連鎖によって引き起こされた公害病は「水俣病」と名付けられ、水銀汚染による公害病の恐ろしさを世間に知らしめた。

しかし、いくら悲惨な目に遭おうとも、水俣の人々の多くは決してその土地から離れなかった。住みながらにして故郷・水俣の再興を目指したのだ。彼らは現実と向き合い、「その環境に生きている」ことを大前提に、環境問題を考えた。彼らは「自然と一緒に生きること」で、自然との共存を選択したのである。今、水俣病の舞台となった水俣湾は、苦難を乗りこえ、ようやく美しい海を取り戻しつつある。

私たちは、日本という国土に生きているのだ。

自然環境にめぐまれた日本。序詞のように繰り返された「美しい日本の自然」という神話もゆるぎ始めたようだが、日本の国土が多様な自然環境によって形成されていることは確かである。言語学者で国語学者でもある金田一春彦《きんだいちはるひこ》の著書『日本語』によると、英語や中国語など他の言語に比べると、日本語は海の中の場所の違いを区別する言葉が豊かだという。日本語には、「沖」、「浦」、「灘《なだ》」、「浜」、「磯」、「渚《なぎさ》」といった言葉があるが、中国語にはないらしい。これら日本語独特の言葉が存在するのは、日本の風土が様々な美しい景観を有しているということだ。そんな風土の中でも、特色があるのが「水」である。

日本の水はきれいなものであり、清冷なものだ。山へ行くと、谷川を水が流れている。思わず立ちどまってそれを掬《すく》って飲むことがあるが、あの光景には中国人などびっくりする。われわれは「滝」という言葉を聞くと、きれいな水が高いところからサーッと落ちている、あれを滝だと思う。が、有名な世界の大きな滝、南米のイグアスの滝、アフリカのビクトリアの滝などは、みそ汁みたいな水がダボダボ、ダボダボ、だらしなく流れているだけで、それは雄大ではあるが、きれいなものでは決してない。

金田一春彦『日本語（上）』

「水玉」、「水鏡」、「水盤」、「水滴」、「浅瀬」、「苔《こけ》清水」……。水に関する日本語は数多くあるが、いずれも美しい感じがする。それはすなわち、私たちの中に「水はきれいなもの」という認識があるからだ。この感覚は誇るべきものであるし、また、後の世の日本人が同じ認識を持てるよう、私たちは、美しい水を伝えていかねばならない。

どこの田舎も競って都市化を急ぎ、急速な時の流れに遅れまいとして、大事なものを失っていった。その最たるものが「水」であることも忘れてはいけない。過剰なまでに多い、清涼飲料水の自動販売機はその一例であろう。

授業の合間の休み時間、砂ぼこりをあげて校庭で遊び、水道の蛇口に走って喉《のど》を潤し、びしょびしょに袖口《そでぐち》を濡《ぬ》らし、急いで席に着いた日のことを思い出そう。

私たちは、命を支える水を伝えていかなければならない。

同時に、「なぜ日本の水が美しいか」を問うていく必要もある。

「水が美しい」は「危険な国土」と表裏一体だ。火山国だからこそ持つ水の美しさについて、我々は突き詰めて考えて来なかったのではないかと思えて仕方がない。

火山国であるということは、地震が多いということだ。それは今回の大震災で嫌というほど思い知らされた。しかし、世界の他の国の人々の目には「なぜ、そんな危険な国に原発を置いたのか」と不思議に映っていたのだ。我々もまた、彼らと同じことを感じねばならないのではないか。

あの地震による大津波は、そこに住んでいた人から、大切な日常と愛する人を奪い去った。すべての家が流され荒野のごとくなった町を見て、泣きながら行方不明になった母をさがす少女の姿を見て、私は、自然に対して強い憤りを感じた。何もそこまですることはないのではないか、あまりに酷《むご》いじゃないか……。しかし、今、こうも思う。今回の震災は千年に一度あるかないかだと言われている。だが、長い歴史の中で、日本人は何度も同じような目に遭い、それでもその土地を捨てず、再び、そこに町や村を再生してきたのだ。美しく多様であり、かつ厳しい自然に立ち向かい、うまく共存しながら生きてきたではないか。少なくとも先人はそうだったはずである。大きな被害をもたらした自然にただ憤り、その脅威の前にひれ伏したりするだけではいけないのではないか。

元来、私たちは自然と調和し、歩調を合わせたりすることが得意なはずだ。
「自然にかえる」などと言う時、アメリカ西部の人なら、「自然」に荒涼とした原野を思い浮かべるかもしれない。いわゆる「手つかずの自然」だ。だが、私たちの脳裏に浮かぶのは、端正に整えられた田園風景であったり、脇に露天風呂《ぶろ》がしつらえられた清流であったり、と、人の手が入った自然の光景ではないだろうか。

四季があり、かつ南北に長い日本の国土には多様な自然が存在する。私たちは、それらに手を入れ、その中で生活し、自然とうまく共存してきたのだ。

今、私たちは、このことを思い出さねばならない。私たちは、多様な自然に対応して共存するという感性を持っているはずなのである。

明日ではなく未来を語れ

津波に家を流され、最愛の人を奪い去られて呆然《ぼうぜん》と立ち尽くしていた人たちが、涙を拭《ふ》いて立ち上がり始めた。しかし、その一方で、福島第一原子力発電所の事故の収束は見えない。避難区域の住民は避難を余儀なくされ、相変わらず不自由な避難所生活を強いられている人がまだまだ大勢いる。避難所を訪問した首相に向かって「どうにかしてください！」とやり場のない怒りを、痛切な願いを、ぶつける人々がテレビの画面に映し出される。いったい何時になったら元の生活に戻れるのか。地元の人々の不安や焦燥感がいかばかりかと思うと、心が痛む。

今、私たちは、このような人々にメッセージを送らねばならない。

「あなたたちの故郷は必ず再生する」

「必ずあなたたちは元の場所に戻れる」

無責任なことを言うなと非難されるかもしれないが、私たちは、このことを強く信じて発信し続ける必要があるのだ。広島を見よ。原爆の放射能の影響で七五年間は草木も生えないと言われたという。だが、今、広島は、大きな傷跡を残しているとはいえ、豊かな緑と川に囲まれた、平和を象徴する街として見事に再生しているではないか。

私たちは信じなければならない。故郷を地震と津波でメチャメチャにされた人々が、故郷を原発事故で汚された人々が、また元の場所で生活できるようになるということを、共に信じて進むことだ。それが、復興と再生への最初の一歩ではないだろうか。

明暦《めいれき》三年（一六五七年）一月、江戸は大火災に見舞われた。明暦の大火と呼ばれるその火災で江戸の大半が焼失するに至り、江戸城の天守閣も焼け落ちてしまったという。以来、江戸城には天守閣がない。大火後、炎上した天守閣再建が課題となったが、膨大な費用を要する天守閣再建よりも、大きな被害にあった下町の復興にその予算を充《あ》てるべきだという政策が先行されたのだった。

「これこそが自分たちの城だ」

江戸っ子は城に天守閣がないことを誇りにしたという。

復興とは、元の贅肉《ぜいにく》のままの時代に戻ることではない。今、安全な地にいる者は意識しなければならない。私たちがなすべきは、あの地震の一日前に戻ることではない。きらびやかなネオンの町に戻ることではない。科学の進歩に、大いなる恩恵を受けてきたことも事実である。そのことを大切に保有しながら、さらなる一歩を進めるとともに、進歩が行き着いた落とし穴に気がつかねばならないのである。

東京の銀座《ぎんざ》という街は、かつては水の都であった。戦前の古い地図を見ると、銀座が周囲を堀と川に囲まれていたことがよくわかる。空襲で銀座の多くのビルが破壊され、終戦後の銀座にはうずたかく積み上げられた瓦礫《がれき》と灰燼《かいじん》の山が残ったという。それらの処理に川が使われた。瓦礫と灰燼で川を埋め、新しい街並を作ろうという計画が持ち上がったのだった。しかし、その時代にはまだ銀座には人々の心を癒《いや》すような優しさがあった。その後、急速に川の埋め立てが進む。外堀が埋められ、そこにはショッピングセンターやフードセンターができ、その上に高速道路の建築が始まった。

昭和三十九年（一九六四年）には、東京オリンピックが開催されることになり、東京中で高速道路の建築が始まり、銀座は完全に高速道路で包囲された。悪臭を放っていた銀座の川は暗渠《あんきょ》の中に封じ込められ、水面《みなも》に映る銀座の柳など遠い夢物語になったのだ。

日本の高速道路建設の技術は世界から注目され、高い評価を得た。日本は戦後復興を成し遂げながら急成長し、皆、浮き浮きして東京オリンピックを迎えた。

当時、私は大学一年生。田舎から東京へ出てきて間もない私は、川の上を走る高速道路を見ながら、幼い日に描いた未来都市が、目の前の東京に実現しているような気がして心をときめかせていた。

その時、銀座も、東京も、日本も、大切なものを失っていたことに、誰も気づこうとしなかった。銀座からは、川も、空も、そして橋も失われていた。

歴史は、進歩という名のもとで大きな過ちを犯したのかもしれない。その流れを変えるのは君たちだ。未来は君たちの双肩にある。

急いではいけない。もちろん被災した人たちが一日でも早く普通の日常に戻れるよう、復旧は急ぐ必要がある。しかし未来を担う君たちが性急になってはならない。

私たち年寄りは、第二次世界大戦で疲弊し切った国を立て直そうと、戦後を駆け抜けてきた。五〇年後の未来など考えずに復興を急ぎ、高度成長に押し流され、大切なものを失い、贅肉の世の中になったことに気づきもせず、それを「豊かな時代」と歓迎した。自分たちがなそうとしていることが未来にどのような影響を与えるかなど考えもせず、明日の豊かさや快適さだけを求めて生きてきた。

私たちは、一年後、二年後、せいぜい五年後のことしか考えない「せっかちな未来志向」で過ちを犯してしまった。未来を語らず、明日のことばかりを語り、この国を「進歩の落とし穴」にはめてしまったのである。

君たちは同じ轍《てつ》を踏んではいけない。

せっかちな未来志向をやめ、五〇年後を考えて欲しい。「五〇年かけて自分たちはどのような形でこの日本を作っていくのか」を問いながら生きて欲しいのだ。

甲斐《かい》（山梨県）の民話には「西山のはだか鳥」が登場する。「明日は起きて巣を作る、明日こそは、明日こそは――」と言いつつ、明日の朝が来ると、ぽかぽか陽気に浮かれ巣作りを忘れ、いつまで経っても巣を持つことができない鳥だ。

西山のはだか鳥が教えるのは懈怠《けたい》への戒めである。「今日の仕事を明日にのばすような」怠惰のことを懈怠と呼ぶ。仏教が教える煩悩のひとつで、善を修し、悪を断ずることにおいて怠ける心のことだ。私たち年寄りの姿が重なる。君たちは、こんなふうになってはいけない。未来を考えず、目先のことに追われながら生きてはいけないことを、西山のはだか鳥は教えてくれる。

福島第一原発の事故以来、原発廃止の声が高まっている。中には「今すぐすべてを廃炉にしろ」という意見もある。しかし、私たちが犯した誤りを一日で正すことなど不可能であろう。「すべてを風力発電に変えろ」という声も挙がっているが、もし急いでそれを実現したら、今度は、風力発電の難点に悩まされることになるかもしれない。

そうならないためには、例えば「今すぐには無理だが、時間をかけて必ずすべてを廃止する」ことを大前提にし、さまざまなことを考え、論じ合いながら、そこに向かっていくべきではないか。理想を尺度に現実を考えねばならない。

原発に限らず、環境、沖縄の米軍基地、北方領土、尖閣《せんかく》諸島……と、日本はさまざまな問題や矛盾を抱えている。君たちはそれ直視し、「いつかはこの問題や矛盾を解決する」と言わねばならない。そして五〇年後の問題解決に向けて小さな努力を重ねていく。若者には、こうした視野を持って欲しいと思うのである。

若い君たちは、五〇年後など考えられないと言うかもしれない。確かに難しいことかもしれないが、それでも敢《あ》えて言う。君たちは未来を考える視点を持たねばならない。五〇年後、例えば科学がどのように進歩しているかは容易に想像できるものではない。しかし、進歩を抑え、進歩に引きずられたりしないようにするためにはどうしたらいいかは、考えられると思うのだ。進歩の果てにこの国はどうなってしまうのか。私たち年寄りは考えて来なかったが、君たちには是非とも考えて欲しい。進歩が行き着く先を見れば、今、何をすべきか、何が大切かも見えてくる。

ムラサキケマン／卒業

祝意を込めて、諸君にムラサキケマンの花を贈ろう。

ケマンは、花飾り、日本でも、タンポポの花などを編み首にかけたりするが、インドでは生花を編んで大きな花輪にし、仏像の首や腕に掛けるそうだ。紫色の野草、ムラサキケマンだ。四月から六月ころまで、山野にもよく見られるが、キャンパスでも見つけることが出来る。先日、ラジオを聞いていたら、女性のアナウンサーがこの花のことを紹介して、「私はまだ見たことがありませんが……」と話していたから、それほどよく知られた花ではあるまい。初めて聞いた人が多いかもしれない。

雑草である。枯れたような茶色っぽい葉を地面に平らに広げて冬を越すそうだが、私は意識したことはない。今まできっと何気なしに踏みつけていたに違いない。ムラサキケマンは春になると、勢いよく三〇センチほどに生長する。茎は太くやわらかだが、ちょっと強い雨が降ると茎はたやすく倒れる。それでも又太陽がさしはじめるとすぐに元に戻るのだそうだ。日本全国に分布している。紫ではなく黄色のケマンもある。崖《がけ》の土の崩れているところに咲き、瓦礫のゴミ捨て場のようなところでも大きくなる。震災の後、テレビ画面に最初に映った花はこの花だった。一本では弱い花だが、仲間がいるとすぐに立ち上がる。ムラサキケマンの花言葉は「あなたの助けになる」だ。雑草と呼ばれる花の名を覚えよう。芭蕉に薺《なずな》をよんだ次の句がある。

古畑《ふるはた》や薺摘行《つみゆく》男ども　　松尾芭蕉

薺は、諸君もよく知っているかもしれない。ぺんぺん草のことだ。春浅くまだ冷たい風が吹くころから、三ミリくらいの白い小さな花をつける。

正月の七草粥《がゆ》に入れる薺の若葉を男たちが畑に取りに行ったのであろう。古畑は、冬の間のまだ耕していない畑。この句の眼目は、「摘み行く」とした、雅《みやび》な表現にある。武骨な男たちが、愛する者たちの健《すこ》やかな年の始まりを祈り、古畑へその食膳《しょくぜん》のために薺を摘みに行ったのである。やさしき、優美な男の行動だ。

英国紳士の不可欠な条件は花の名を知っていることだそうだ。云うまでもなく、紳士はジェントルマンだ。やさしい男たちのことだ。やさしさの語源は、「痩《や》せし」である。自らの身を削り「痩せた身」になって相手に接することだ。過剰な豊かさ、身に余る贅沢はやさしさを生み出すことはない。

花を知ることは、自然の持つ心を知ることだ。

雑草にもかけがえない名前がある。その一つでも記憶にとどめたいものだ。精一杯咲いている雑草の花の名を知ろうとするやさしい男になってくれ。

野原の花がどのように育つかを考えてみなさい。働きもせず紡《つむ》ぎもしない。しかし、言っておく。栄華を極めたソロモンでさえ、この花の一つほどにも着飾ってはいなかった。今日は野にあって、明日は炉に投げ込まれる草でさえ、神はこのように装ってくださる。

（ルカによる福音書12章27―28節）


東日本大震災から一年経った。ムラサキケマンの花言葉とともに一言加える。

未曾有《みぞう》の震災の悲劇は、私たちに命の重みを、激しく強く問い質《ただ》した。

私は、生徒諸君・保護者各位・教職員そして今日ここに列席されたすべての人と共に、今ある存在の重みに感謝したいと思う。今この時を幸運と呼ぶのは、あまりに傲《ごう》慢《まん》かもしれない。不遜《ふそん》かもしれない。しかし、今私たちに出来ることは、悲劇の爆風の隙間に放され、我が身の胸に突き刺された偶然の矢を心の中に刻むことである。存在の重みを感謝の弓につがえて、明日に向かって欲しいと切望する。

二〇一二年三月の日曜日、福島県いわき市久之浜《ひさのはま》での花供養に参加した。久之浜は、昨年の終業式の後、君たちの仲間と一緒に行ったところだ。久之浜は、地震後に起きた火災、その火を飲み込んだ津波。そして、海に運ばれた火の粉が、戻り波に運ばれ、海岸一帯を火災に巻き込んだ所だ。電源を失う消火活動も出来ないまま、一晩燃え続け、死者・行方不明は七〇名を超えた。そして福島第一原子力発電所から三〇キロ圏内であったこの町に屋内退避命令が敷かれた（四月二一日解除）。

地震・津波・火災・放射能汚染。三重苦、四重苦の悲劇がこの町を襲った。波打ち際に多くの花が飾られていた。花は波にもまれてすぐに見えなくなる。一四時四六分。海に向かって黙禱《もくとう》をささげる人々。波間の花にたわむれる幼子の小さな手。祈りに背を向け、黙々とカモメにパンくずをやる老人。群れるカモメの声が今も聞こえる。

私たちは、自然に対して僭越《せんえつ》に、傲慢に過ぎたのではないか。自然からの手荒い報復にこうべを垂れ、その恵みを懇願し、自然に従い、寄り添うことが要求されているのだ。

一年前、卒業式を挙行することの出来なかった時、私は本校のホームページで、「時に海を見よ」と題し、大学に行き、海を見つめる自由の中で孤独を直視せよと語った。その思いに変わりはないが、今の私は、この一年の短さと長さに翻弄《ほんろう》され、時間に性急になっているのかもしれない。

「海を感じよ」という声が聞こえてならない。

海を感知し、触知し、海に従い、自然に寄り添わねばならない。

波に抱かれ、海藻とたわむれ、波頭をまっすぐに見つめ、その鼻で潮の匂いをかぎ、海の音に耳をそばだて、海の闇を感じ、そして日の出を直視せよ。五感を震わせて海を感じるのだ。その時、敗北の意味が、問われるはずだ。次の時代へ、今の海を語り継がねばならない。

これは責務だ。

多くの人と出会い、身が細るほど相手の身になって物事を考える。他人と不幸を分かち合う。そんな人間になって欲しい。今、悲劇は一部に集中している。分かち合うことが必要とされているのだ。自然と歩む新たな理念が若い君たちの中から創出されるはずだ。理想の社会が、きっと見えて来るはずだ。

相手の気持ちに寄り添い、感情を同化させる心の揺らめきを、私たちは「あわれ」と呼ぶ。日本人が培ってきたこの美的表現が生んだ言葉が「あっぱれ」だ。「あはれ」を促音化し、意味を強めたものが「あっぱれ」である。あっぱれは、「あわれ」を知る男への絶賛だ。勝負に勝った男たちへの賞賛のみを云うのではない。否。負け戦の中にもいたわりを忘れず、愛する者への「やさしさ」を忘れず、花をたずさえ、相手への感情と限りなく同化しながら通《かよ》い戸を開く男たちの心なのだ。

今旅立ち、紳士の道を歩まんとする男たちよ。真っ正直に、貧しさを恐れず、貧しさに勝る精神の豊かさを持ち、紳士道を歩むのだ。誰よりも「あわれ」を知り、今悲しみにある者に寄り添い、手を差出し、一歩踏み出す勇気を持ち、瓦礫の中にもムラサキケマンの花を探し求めるのだ。

諸君。我が立教新座〈アッパレ〉の同志よ。卒業おめでとう。

原発にならされし愚

二〇一六年一二月二日土曜日、「時に海を見よ　その後」と題した講演のために、名古屋《なごや》で朝食をとっていると、『中日新聞』朝刊に「避難の小四に担任が「菌」新潟いじめ相談を受けた後」との見出しの記事があった。

「東京電力福島第一原発事故で、福島県から新潟市に家族と自主避難している小学四年生の男子児童が、担任の四〇代男性教諭から名前に「菌」を付けて呼ばれ一週間以上学校を休んでいることが分かった。」

記事はさらに続けて、担任らは児童が夏休み前に同級生から名前に「菌」を付けて呼ばれているのが嫌だと相談を受けていたとも記している。愛称のつもりで云ったという報道もあった。一一月の上旬には、横浜《よこはま》市に自主避難した中学一年の男子生徒が、いじめにあっていることが明らかになっている。原発事故のために避難している生徒

への いじめは、おそらく新潟や横浜での事ばかりではないであろう。氷山の一角と云っていいのかもしれない。教師の配慮のなさ、軽薄さは厳しく追及されるべきである。

教師としての個人的責任の重さは、対応のまずさと言ったようなものではない。言葉が人格と関わっていることを猛省すべきである。

しかし私が強く思ったのは、それればかりではない。個人の責任の重さを感じながらも、私自身を含めた教師全員が心しなければならないことを今回のことは知らしめているような気がしてならない。原発事故後いかに自分が原発と向き合うのかといった、個人の倫理感、人生観が失われている。

震災後の卒業式での私のメッセージがネット上で反響を呼んで、『時に海を見よ』（双葉社、後に双葉文庫）と題した小冊子を刊行した時、その本の冒頭に原発事故への反省を込めて、こんなことを書いた。事故から三か月後であった。

「私は、臆病のまま時代に流された。必要を越えた豊かさを求めた。過度の贅に身をゆだね、何が一番大切なものかを忘れていた。諸君に、海を見ることへの道を鼓舞しながら、混迷した老骨の自己を、大人の自分を、眼前に直視することに、どれほど厳しかったのだろうか。私たちが今、この災害に、ことに原子力発電所の事故に際して心すべきことは、悔恨を越えた、行動を踏まえた自己反省である」

こんなことを書いたことを私は忘れていたわけではない。しかし確かにぼやけて来ていたのだ。原発事故以来、月日と共に、私たちは臆病《おくびょう》に傲慢を重ね、危険に居直り、きらびやかなネオンに身を飾り、大切なものは何かという痛切な問いを忘れ、眼前の放射能汚染の現状を直視することなく、身の毛もよだつ全身の恐怖と悔恨は、他人事《ひとごと》となっていったのではないか。

忘れてはならないことを、曖昧《あいまい》なものにし、〈行動を踏まえた自己反省〉は、安眠の中での怯懦《きょうだ》な妥協を行動と呼ぶだけとなったのだ。

原発事故に伴ういじめは児童生徒のみではない。大人の世界にも広がっている。のど元を過ぎた熱さは忘れ去られたのではない。熱さは、他者の胸を刺す氷柱の刃先を研ぎ澄ませたのだ。新潟の教師の配慮のなさ、欠陥的思考欠如の責任を追及するのみで、このいじめ問題は終わらない。

我々はもう一度あの日に何が起こったかを、今度のいじめ問題を考える時こそ直視する必要がある。過去という名のもとに忘れようとしている自分に、忘れてならない教訓を倫理として刻み込まなければならないのだ。

忘れてしまいそうな自分がいじめへの加担者なのだ。

帰りの車中、『文藝春秋』の12月号を読んでいたら、桑原正紀《くわばらまさき》氏の歌が掲載されていた。その中の一首。

ほとぼりの冷めたる頃とそっと目を開けはじめたる原発いくつ　桑原正紀

帰宅したら家に氏の新しい歌集『花西行』（現代短歌社）が届いていた。
一一年間病床にある妻を見舞う歌は胸を打ち、定年を迎えた教師の心情に、又愛猫の死に寄せる歌にも引き込まれたが、ここでは原発関連の歌をもう一首。

狎《な》らされてゐしおのが愚を思ひ知る原子力発電の安全神話に　桑原正紀

狎れるとは、一緒にいるうちに警戒心や礼儀を失うこと。又心がなくなって軽んじること。殊に教員は原発に狎らされてはならない。名古屋ではそんな思いで講演した。

浪江町請戸の浜

二〇一七年九月一日七時上野発ひたち1号に乗車。竜田《たつた》で原《はら》ノ町《まち》駅行きの代行バスに乗り換えた。バスは座れないほどではないが、かなり混んでいた。狭いがトイレもついている。前方には放射線量を示すパネル。竜田駅を出るとすぐに車掌さんから注意。「帰還困難区域を通り、放射線量が多くなりますので窓を開けないようにしてください。窓からの撮影は結構ですが、バスの中での撮影は御遠慮ください」と。

「百合《ゆり》の花が咲いてるわ」と云ったきり同行の妻の長い沈黙が続いた。大型スーパーの破れたままの窓。大型紳士服店の窓からは、つるしたままの服が見える。大きなパチンコ店の椅子がひっくり返り、宮殿を模した結婚式場の前を通った時、後ろの席で声がした。

「甥《おい》っこがここで結婚式あげたんだ。披露宴は二〇〇人も超えたよ。酒樽《さかだる》も用意して、飲みすぎてさ……」

少し酔っているようだ。締め切った窓で逃げ場を失ったアルコールの匂いがする。

「がんばろう富岡《とみおか》」といった看板。「今を生きる」と云った看板もある。

浪江《なみえ》駅の前には、佐々木俊一《ささきしゆんいち》が作曲した「高原の駅よさようなら」の歌碑。信号機の前に立つと曲が流れる。

「しばし別れの夜汽車の窓よ　いわず語らずに心とこころ　またの逢う日を眼と

眼で誓い　涙見せずにさようなら」

佐々木が浪江町出身だという縁によるものだ。浪江は高原の町ではない。農業も盛んであった、請戸《うけど》の浜を中心とした漁業の町でもある。駅前の商店街。六年間の放置に先は見えない。凄惨な放射能汚染の傷痕《きずあと》は生々しく今も続く。駅の近くで、家庭菜園を耕している夫婦を見かけた。避難指示解除対象地域の帰還人数は、一パーセント台だ。請戸の浜を見下ろす、大平山《おおひらやま》霊園。津波で犠牲になった人の真新しい墓がある。墓碑銘には三月一一日の文字と各家の墓には地蔵が並んでいる。亡くなった日付が同じ墓石が並ぶ広島平和記念公園裏手にある寺の墓を思い出した。

福島の現代詩人、二階堂晃子《にかいどうてるこ》の詩「生きている声」の一節。

生きている声　　二階堂晃子

（前略）
救助隊は準備を整えた
さあ出発するぞ！
そのとき出された

町民全員避難命令
うめき声を耳に残し
目に焼き付いた瓦礫から伸びた指先
そのまま逃げねばならぬ救助員の地獄
助けを待ち焦がれ絶望の果て
命のともしびを消していった人びとの地獄
請戸地区津波犠牲者一八〇人余の地獄
それにつながる人々の地獄
放射能噴出がもたらした捜索不可能の地獄
脳裏にこびりついた地獄絵
幾たび命芽生える春がめぐり来ようとも
末代まで消えぬ地獄

浜に立つと、福島第一原発の排気筒の高い煙突が見える。その煙突の手前に請戸小学校があった。大きな小学校だ。展望台だろうか。浜辺までは四〇〇メートルほどだが松林に覆われてその時、海の様子が見えなかったそうだ。子供たちは、この展望台にあがって海を見ていた。壁面の時計は、津波到達の午後三時三八分で止まっている。校舎には立ち入ることが出来ない。校舎内の写真が入口に掲示してあった。教室の黒板には、「天は乗り越える事の試練しか与えない。頑張れ請戸」「福島県警察」「陸自未来を信じて　日本　請戸　陸上自衛隊44連隊」などといった大きな文字にまじって「卒業式の練習が始まります」の連絡が書かれている。津波発生時、二年生以上の全児童八一人、教職員一三人は、大平山の麓《ふもと》に逃げて無事であった。奇跡と呼ばれている。

漁港には新しい船が数艘《そう》繋《つな》がれていた。今年の二月には大漁旗をはためかせて避難先から帰港したことが報じられている。台風の影響であろうか海は荒れていた。

駅までのタクシー、運転手さんがしきりに「ここはカリカリ、ここはカリカリカリかな」とビニール袋を見るたびに言う。何のことか理解出来なかった。放射能汚染廃棄物の袋の仮置き場、その又仮置き場、その又カリカリカリ置き場のことだ。帰路、常磐線《じょうばん》。昨年六年ぶりに小高《おだか》で復活営業を始めた「双葉《ふたば》ラーメン」を食べた。

今、私に出来ることは福島の米を食べ、福島の酒を飲むこと。毅然とした原発反対と福島ファーストの支援が今こそ必要なのだ。今日九月六日、東京電力が再稼働を目指していた柏崎刈羽《かしわざきかりわ》原発の安全審査は議論を終え、早ければ一三日にも事実上の合格証「審査草案」を了承する見通しとなったとニュースが伝えている。この原発は、請戸の浜から見えた福島第一原発と同じ型の「沸騰水型」のものだ。

又、夜七時のNHKニュースは、福島大学などの研究グループが、福島第一原発が立地する双葉郡の住民を対象にアンケート調査を行い、無職の人が六割を超え、生活再建が進んでいない実態を浮き彫りにし、生活年齢の一五歳から六四歳では、事故前の三倍を超えていると伝えている。これでもこれでも又仮仮置き場を増やしていくのだろうか。

原発被災地の今。夢をつなぐ
「福島県立ふたば未来学園中学校・高等学校」訪問

今年二〇二〇年一月、学期はじまりの挨拶《あいさつ》。浪江の町を学生と一緒に歩いた話をした。ブログには以下のようなことを書いた。

＊

年の暮れ（二〇一九年）、福島県、浪江町に原発事故後の跡地を学生と訪れた。駅周辺は三月の常磐線全線開通を目指してきれいに除染され、二年前とは見違えるようになった。除染の進んだ町だが人影がない。駅から役場まで歩いた。復興は同時に家の解体を意味するのだろう。古いものが徹底的に破壊されている。それでも新しい役場のすぐ近くには、マルシェと名付けられ広場に店などが小ぎれいに集まっていた。道を挟んで大きなスーパーが出来、移動式の焼き鳥屋さんも出ていた。夕日を見に海岸に行くかどうか迷ったが、意を決してタクシーを呼んだ。

今回どうしても行ってみたいところがあったのだ。「希望の牧場」と名付けられた牧場だ。山道に差し掛かると運転手さんが警告するように、「この辺は放射能の値が基準量を超えていますよ。帰還困難な立ち入り禁止区域ですからね」と語りかけた。訪れたと云っても、タクシーで牧場の傍まで行き、数分ほど牧場わきの道を歩きすぐに離れた。離れたところから牛を見ただけだ。

事務所に行き直接話を聞くことにためらいがあった。光景はあまりに悲惨でそこに踏み込む勇気がなかった。見たのは約五〇頭ほどであろうか、もっといるはずである。牛舎の中かもしれない。震災の時には、三五〇頭ほどの牛がいたと、絵本の『希望の牧場』（森絵都作吉田尚令絵　岩崎書店　二〇一四年）は記している。景色はまことに牧歌的、絵本で見た送電線を遠くに見る牧場の光景はそのままだ。絵や写真であれば、なんと美しいほのぼのとした光景であろう。しかし、牧場周辺の異臭は鼻をつき、数日間体に染みついて離れなかった。絵本には、「闘いつづける「希望の牧場」のすがたを、「悲しみ」ではなく「強さ」をこめて絵本に残せたらと考えました」と帯にあるが、強さの持つ深い悲劇が私を押しつぶすような思いがした。

見えるものは人を欺く。テレビもパソコンも感触を持てない。文字も画面も感性の一部を肥大化させ、実態を喪《うしな》う機能を持つのだ。直視するとは、五感をふるわすことだ。写真でも、絵でも、ラジオでも、テレビでも、どんなに優れた伝達機能でも、あの牧場の牛たちの匂いを伝えることは出来ない。

夕暮れも近かった。もう一度牛を見たいと思い、柵《さく》の傍まで戻った。人が来たことを察知したのだろうか。一頭の牛が群れから離れて私に向かってきた。目線のあった時牛が鳴いた。異臭がその時だけ消えたような気がした。ほそいやさしい目であった。

福島県の聖火リレーでは、福島県の復興のシンボルである「ナショナルトレーニングセンターJヴィレッジ」において全国の聖火リレーのグランドスタートを実施した後、東日本大震災からの復興の歩みを着実に進める沿岸の市町村を始め、福島県内各地で広くリレーを実施します。

これは、福島県の広報に紹介された一文だ。私は天邪鬼《あまのじゃく》ではない。オリンピック・パラリンピックの成功を心から願う一人だ。しかし、今年行われるこの祭りが何か大きな忘れものをしながら、忘れてはならないものを覆い隠しているような気がしてならない。

復興という名の歓喜のスタートが、放射能に汚染され多くの住民の帰還を拒否している悲惨な現実を覆い隠しているように思えてならない。浪江の海岸にうずたかく積まれていた黒いビニールシート（汚染土）は真新しい壁に囲まれて見えなくなった。「オリンピックが過ぎたら汚染水も海に流せると思うよ」そんなつぶやきも聞こえてきた。富岡―浪江間の代行バスの前方客席の前に設置されていた放射線量計数器は取り除かれた。悲惨さを直視せず、回避と密閉が進行しているような気がした。

浪江町の多くの商店はシャッターを下ろしたままだ。学校も閉校・統合された。一方でビジネスホテルも短期賃貸マンションも建築ラッシュといった状態だ。町は、原発処理の工事従事者を引き入れ変わろうとしている。マルシェで会った観光ボランティアの方は、「それでもゼロの町からここまで来たんですよ。物があふれた世の中で何が大切かを、この事故を通じて伝えたい」と静かに話す。

大きな祭りの時を今年は迎える。祭りとは、忘れてはならない記憶をしっかり根付かせるものだ。復興の美名の前に原発事故の汚点を忘れてはならない。汚点は教訓を伝えるものだ。そうでなければ、忘れた悲劇は繰り返され、忘れぬ悲劇は新たな一歩の力となるのだ。

＊

二〇二〇年三月一一日。新型コロナウイルス感染症拡大で学校に休校要請が出て一三日後だった。この日は東日本大震災から九年後だ。私の胸に刻印していたその日が、コロナ禍の波に覆われ、その波に飲み込まれて忘却されそうな気がした。

この日、九年前の夜のことを思い出しながらラジオを聞いた。NHKラジオ第一、二〇時五分から約二時間、「原発事故から9年　暮らしの復興と廃炉に向けての課題」と題した放送だ。この放送で、浪江町の山間部津島《つしま》地区赤宇木《あこうぎ》（希望の牧場から車で三〇分ほどだろうか）の今野義人《こんのよしひと》さんの話が忘れられない。（今野さんのことは、『百年後を生きる子どもたちへ「帰れないふるさと」の記憶』（豊田直巳写真・文　二〇年一月　農山漁村文化協会）や二〇年『河北《かほく》新報』一〇月五日の記事にも紹介がある。）

今野さんは、白河《しらかわ》市に在住、片道一〇〇キロを毎月赤宇木に通い続け、以前住んでいた集落を三時間ほどかけて一戸ずつ回り、放射線量を計測し、各地に避難している住民にその測定値を郵送している。故郷の現状を知らせるのは、行政区長の責任だとも語っていた。

『河北新報』の記事では、「住宅や公民館など計九五地点を測っている。毎時四・五四マイクロシーベルト、五・九五マイクロシーベルト……。福島市内の三〇～四〇倍の数値が次々と計測される。地表面で四四マイクロシーベルトの地点もあった。「これでも前月に比べて下がったんだ」。今野さんが苦笑いしながら教えてくれた」と記されている。原発事故発生の二か月後は一七〇マイクロシーベルトだったそうだ。又、新聞は、「津島地区に隣接する飯舘《いいたて》村の帰還困難区域では、特定復興再生拠点区域（復興拠点）の区域外で全面的な除染をせずに避難指示を解除できる仕組みが検討されている。赤宇木も復興拠点外。同様の対応が検討される可能性はゼロではない。今野さんはこれに反対する。「赤宇木では年配者を中心に、除染されれば帰還しようと考えている人が多い。徹底的に除染し、安心して住める環境を整えずに避難解除するなんてあり得ない」」と報じている。赤宇木は少なくとも六〇〇年前の室町時代から人々が生活を営み、戦後は旧満州《まんしゅう》（中国東北部）からの引き揚げ者が開拓したそうだ。

「先祖から守り続けた大事な地。赤宇木の歴史をここで終わらせる訳にはいかない」

と今野さんは語る。

今野さんたちが、歴史を書き留めようとしたきっかけは、二本松《にほんまつ》の会場に、久しぶりに赤宇木の人々が集まり、京都大学の今中哲二《いまなかてつじ》氏の報告を聞いた時からだという。今中さんは、「みなさんが、ここに住めるか住めないかというのは、一〇〇年後、二〇〇年後を見ながらどうするかの問題です」と語ったそうだ。

今野さんは、ラジオの特番放送時七五歳、新聞に掲載されたときは、七六歳とある。私と同じ年だ。そして、放送では、一〇〇年後にここに生活を始めることが出来た時にその歴史を伝えるためだ、そして又手に鍬《くわ》をもって開墾してほしいと語った。今野さんは、赤宇木に伝承された田植え踊りを一九年一二月に一〇年ぶりに二本松市を会場に復活させた中心的存在でもある。

歴史を残すとは如何なることなのか、胸に突きささるような問いが、私の中で空転した震災九年後の夜だった。


放送を聞いた、三日後、三月一四日に常磐線が九年ぶりに全線開通した。一四日付の『毎日新聞』夕刊は、「不通となっていた区間の大半は、放射線量が高く立入りが制限される「帰還困難区域」にある。難航していた復旧作業が完了し、不通区間の夜《よ》ノ森《もり》（富岡町）▽大野《おおの》（大熊町《おおくままち》）▽双葉（双葉町）――の三駅や周辺の道路などでは、運転再開を前に避難指示が解除されていた」と記し、桜の名所として名高い夜ノ森駅では、名所の桜並木をイメージした桜色の傘やタオルを振って列車を見送る人たちの姿が報じられた。

『毎日新聞』（二〇二〇年三月一〇日朝刊）は、原発事故によって避難指示が出され、その後解除された地域でも、住民帰還率の伸び悩みが目立つとして、その数字をあげている。「福島県浪江町は解除地域の住民登録者一万四二五三人に対して居住者が一一八九人（帰還率八％）、同県富岡町は解除地域の住民登録者九一三一人に対して居住者が一一八七人（同一三％）だ」「大熊町は二〇一九年に解除された一部地域の帰還率が三四％だが、住民の九五％が住んでいた中心部は今も帰還困難区域となっている」と報じている。

夜ノ森のプラットホームで、桜色のタオルを特急電車に振っていた人々と一〇〇年後の開墾に希望を託す人を、私は区分けして考えることなど到底できない。一方を陰とし、一方を陽と判断出来るはずがない。何も語ることが出来ない。望みをつなぐことも、寄り添うことも出来ない。相手のかなしみに踏み込むことが出来ない。相手の喜びに踏み込むことも出来ない。

そんな思いのまま、この年二〇年の夏は、コロナ禍という非日常が跋扈《ばっこ》して過ぎていった。そんな虚脱した日々の中で、七月二八日、「パンデミックとエネルギー安全保障」という公開のメッセージを読んだ。日本原子力産業協会の理事長高橋明男《たかはしあきお》氏のものだ。

一文は、「新型コロナウイルスの感染拡大は予断を許さない状況が続いています。亡くなられた方々にお悔やみを申し上げるとともに、罹患《りかん》された方々の一刻も早い回復をお祈りいたします」で始まり、「感染が拡大する中、病院では医療器具の不足が生じ、市場からもマスクをはじめ生活関連品の一部が姿を消した。このような世界的なパンデミックから見えてきたことは我が国の海外依存の大きさであり、国の安全保障への不安である」と記し、わが国の一次エネルギーの自給率の低さをあげ、「一次エネルギー自給率に至っては一一・八％（いずれも一八年度）と極めて低い状態にあり、危機感を持たずにはいられない」とし、その原因は、石油、石炭、液化天然ガス（LNG）といった化石燃料をほぼ海外からの輸入に依存していることにその起因があると述べ、「石炭火力は一週間程度、LNG火力に至っては二週間程度の発電に供給する量しか備蓄できない。これに対し、準国産エネルギーである原子力発電は原子燃料を一度原子炉の中に入れると一年以上は燃料を補給することなく発電することが可能であり、備蓄も容易である」とし、「原子力発電は我が国のエネルギー安全保障を支える上で、重要な役割を果たすものである」と述べ、「原子力発電は大量の電気を安定的に長期間継続して供給することが可能で、燃料の備蓄性にも優れていることから、我が国の強靭《きょうじん》なエネルギーシステムの構築には欠かせない発電方式であり、二酸化炭素を排出しないため地球温暖化の抑制にも貢献する。原子力発電所の再稼働はもとより、原子炉の運転期間の延長、さらには将来を見据えた新増設やリプレースを着実に進めていかなければならない。当協会は関係機関と連携・協力して、国民の皆様方に原子力発電の価値についてご理解を深めていただけるよう努めて参りたい」と結んでいる。

私はこの意見に真正面から反論が出来ない。不勉強だと謗《そし》られるかもしれない。現実はそうかもしれない、しかし原発はどうしても止めなければならないと思うだけだ。原発事故後の人々の辛酸、苦悩を前にしても、おそらく原子力行政の推進はすすめられていくのだ。コロナ禍という未曾有の年でも、このような時だからこそ、環境にやさしいという美名のもとで原発の必要性が叫ばれるのだろう。

　九月二〇日、双葉町に「東日本大震災・原子力災害伝承館」が開館した。帰還困難区域にほぼ隣接した場所だ。当初は、オリンピックに合わせての開館を予定していたそうだが、コロナ禍の影響で開館が遅れたのだ。開館費用五三億円をかけた建物の〝美しい〟デザインは復興のシンボルだ。その目的を「ふくしま復興ステーション復興情報ポータルサイト」では「原子力災害を中心とした資料を収集・保存し、展示・プレゼンテーション、研究及び研修に活用することにより、震災の記憶の風化防止のための情報発信を行うとともに、防災・減災に役立てます。また、福島第一原子力発電所や廃炉資料館等と連携して交流人口の拡大を図ります」と記している。

　オープンからすぐに来場者は一万人を超えた。評価が二つに分かれたことを新聞は報じている。「展示の構成や内容を巡っては来館者の評価は大きく分かれる。関係者によると、遠隔地から訪れた人には「原発事故の経過や被災地復興の現在地を俯瞰《ふかん》できる」とおおむね好評のようだ。一方で、県内外へ避難を強いられた当事者らからは「過酷事故を端的に物語る資料に乏しい」「原発の危険性や県が誘致した経緯に言及が少ない」などと失望にも似た批判が相次ぐ」（『河北新報』二〇年一〇月一九日）又開館を歓迎しながらも、批評家の東浩紀《あずまひろき》氏は「同館では、震災の記憶を伝える登録制の「語り部」に対して、特定の団体への批判を行わないよう要請し、従わない場合には登録を解除すると警告していたというのだ。口演内容の事前確認も求められたという。「特定の団体」には国や東電も含まれる。事実だとしたらとんでもない話である」(『AERAdot.』二〇二〇年一〇月一日)と述べている。他にも展示の改善を求める声があがっていると、『福島民報』など各紙が、批判の声をあげている。

伝承とは如何なることを意味するのか。忘れてはならないということはどんなことなのか。悲惨な原発事故を受け止めるとはいかなる姿勢を示すことなのか。被災した人々と訪問者の間の溝を埋めるのが、悲劇を共有する、寄り添うことの意味であるはずだ。もしもこの伝承館が、その溝を深めるものとなったら、それは悲劇を教訓とせず過ちを繰り返すことになるに違いない。

二〇年一二月二日。二週間前から朝晩の検温、体調管理と記録をつけた上で、それでもやはり東京からの移動は心苦しい気がしたが、コロナ感染症対策を慎重に取りながら広野《ひろの》のふたば未来学園中学校・高等学校を訪ねた。

常磐線広野駅から坂を上り約一キロ。海の見える丘の上に学び舎《や》がある。

ふたば未来学園高校が、開校したのは、一五年(平成二七年)四月だ。その時はまだ近くの広野中学を借りての出発だった。震災前双葉郡には五校の県立高校(双葉高校、浪江高校、浪江高校津島校、富岡高校、双葉翔陽《しようよう》高校）があった。それらの高校は、県内外各地に設けたサテライト校で授業を続けてきたが、元の校舎での授業再開のめどがたたず、一五年募集を停止した。四年間、双葉郡の内に開校している高校は存在しなかったのである。

雪の降る中での最初の入学式。新入生代表は次のように挨拶をした。

「あれから四年。さまざまな思いを胸にこの地にやってきた。一期生として一〇〇年後も誇れる校風を築き上げることを決意します」（『毎日新聞』一五年四月八日）

学区は県内全域。一学年の定員は一二〇人。双葉郡からの応募がもっとも多く、仮設住宅などで避難生活を送ってきた新入生もいた。通学圏外の六〇人余は寄宿舎から通うことになった。（一九年四月からは六年制の中高一貫校）

初代校長丹野純一《たんのじゆんいち》氏は、同校のホームページで「変革者たれ」と題し、建学の精神を次のように述べている。

「震災と原発事故という、人類が経験したことのないような災害を経験した私たちには、これまでの価値観、社会のあり方を根本から見直し、新しい生き方、新しい社会の建設を目指し、変革を起こしていくことが求められており、それは、未来から課せられた使命ということもできる。

私たち人間は、理想とする未来の姿を思い描きながら、いま、ここにある現実を、少しずつ、少しずつ変えることができる存在である。それは未来を創造することにほかならない。

ふたば未来学園は、まさに、未来への挑戦である。この学校は、双葉郡の方々の「双葉の教育の灯を絶やすことなく灯し続けたい」という強い願いと、復興を実現し、先進的な新しい教育を創造しようとする国など関係機関の熱い想い、そして、なにより、震災後、こどもたちの中に芽生えた、復興をなしとげようとする強固な意志、夢を実現しようとする意欲、新しい価値観、創造性、高い志を礎として、誕生した。

（後略）」

学び舎は冬の日差しをいっぱいに浴びていた。「東北の春を告げる町広野」と書かれた駅前の標語を思い出した。

通されたのは、「ｃａｆｅ́ふぅ」（地域協働スペース）。ここは生徒が社会起業部の活動の一環として運営しているカフェだ。地域の住民とのつながりを大事にするという目的で開かれたもの。コーヒーやパン、生徒手作りのチーズケーキなどのスイーツが人気だ。一期生の生徒たちが地域一丸となって復興に向かうため「学校を人の集まる場にしたい」と抱いた思いを後輩たちが受け継ぎ、カフェ開設という形で実現させたのだそうだ。私が行った時は、授業中だったので、全国で教育支援活動を展開しているNPO法人カタリバの人や経営母体として参加している一般社団法人「たんぽぽ」の方が、世話をしていたが、昼休みや放課後には生徒自らがコーヒーを淹《い》れ地域の人の世話をする。一九年八月には、高校生が地域課題への取り組みを発表する「第4回全国高校生ソーシャルビジネスプロジェクト（SBP）チャレンジアワード」で、カフェチームが脱プラスチックや食品ロス削減などの課題に取り組み文部科学大臣賞を受賞した。一日に一〇〇人以上の人が集まる時もあるという。「café ふぅ」。タンポポの綿毛が「ふぅ」と飛ぶように、この場所から未来に羽ばたきたいとの願いが込められているのだ。

校内も案内してもらった。体育館・教室・グラウンド、何もかもが新しい。特に目を引いたのは演劇のために用意された、多目的ホール（未来シアター）だ。ふたば未来学園では、演劇が必修科目であり、演劇による教育がこの学校の教育を支える枢要になっている。この場所で希望を力に、夢を紡ぐ演劇がどっしりと根を下ろしているのだ。平田《ひらた》オリザ氏は学園案内パンフレットで「演劇を使ったコミュニケーション教育は、単なる情操教育や表現教育とは異なり、異なる価値観を持った人とも共生していくための、文字通り二一世紀を生き抜く力を養うものです。福島の状況を、国内外の人々に正確に、しかも共感を広げていく形でつたえていかなければならない福島の子どもたちに、必須《ひっす》の科目だと考えます」と述べている。

演劇部に所属する高校生は、芥川《あくたがわ》賞作家柳美里《ゆうみり》さんが、再結成した「青春五月党」公演の『静物画』にも出演している。『静物画』は、高校の教室を舞台に、女子高生たちによって繰り広げられる作品だ。

「この戯曲は二八年前に書かれたものですが、柳美里さんは今回の上演に際して、大幅な書き直しをされたそうです。最も特徴的なのは、途中で語られる一一年三月の東日本大震災での体験談です。当時、小学校低学年だった彼ら・彼女らの実体験を、柳美里さんがセリフとして書き起こし、本人たちが語ります。柳美里さんが、彼ら・彼女らは震災のことを語ることができる、もっとも幼い世代だと言っていたのが印象的でした。彼ら・彼女らより下の世代は、震災当時に幼過ぎて、体験したことを言葉できちんと説明するのが難しい。当時の体験談で最も幼い記憶を言葉にできるのが、今の高校生たちであり、彼ら・彼女らが当時のことを言葉で語り継いでいくことの大切さを感じました」（いわきアリオスＨＰ一八年九月七日　https://alios-style.jp/cd/app/?C=blog&H=default&D=01670)

校内を案内してもらった後、昼休みに「ｃａｆé ふぅ」で生徒手作りのハンバーグを食べた。ボードにはこんな言葉「双葉みらいラボとは⁇　先生でも友達でもないナナメの関係に溢《あふ》れたふたば未来学園の生徒が主役の放課後スペース」などとあって、スタッフの紹介があった。スタッフは全国からやってきてこの学園を手助けしているのだ。兄貴・姉貴の教育ボランティアといったところであろう。個々の教育を支えているのは、地域の人や教師のみではない。明日へこの場所を変えていこうとする若者と寄り添うすべての人の結合だ。ここは学校というより、敷地面積五万七四八五・七八㎡の、立場を超えて交わる新たな街なのかもしれない。〝悲劇には違いなかった、でも悲劇では終わらせない〟そんな若者の思いが伝わる。大きなテレビモニターの画面には、「震災を教訓に変え未来を考える場所」にしたい、そんな思いで「双葉郡ツアーの企画・実施」を行った生徒のインタビューが映し出されている。

図書館前の廊下の壁には所狭しと、生徒の〝未来創造探求〟プロジェクトの内容を示したボードがある。

プロジェクト名「未来の未来ちゃん」のボード「私が思う地域の課題は、震災を語り継いでいく人の減少・高齢化と、震災・原発事故の課題や正しい知識にきちんと向き合っていないことです。自分自身ももっと地域課題を知ることが必要であると考え、震災で行き場をなくした動物を保護した団体へのボランティアや、廃炉国際フォーラムへの参加などを行ってきました。また、近々、白河市でイベントを開催する予定です」プロジェクト名「廃炉を楽しくしっかりと」のボード「廃炉について楽しく学ぶ勉強会を作ることをテーマに東京電力等の廃炉関係者と住民をつなごうと思っています。私たちは関係者と住民の間に情報の溝があると考えています。その溝を埋めるために何ができるか私なりに考え行動していきたいと思います」など……。他にプロジェクト名「双葉郡に対する悪いイメージを払拭《ふっしょく》するような企画を考える」「居場所づくりを目指して」「障害を持つ人の生活しやすい環境を作るには」「クイズを通して震災に興味のない人に向けて楽しく伝える」など……。

コーヒーカップをカウンターに戻しに行った時に、生徒にお薦めはと聞くと、にっこりとして、「木戸《きど》川《がわ》産鮭フレークの瓶詰です。みそ味の方がいいかな」と薦められた。木戸川のサケ漁は双葉郡楢葉町《ならはまち》の秋の風物詩として知られている。一〇人ほどの漁師が川に入り、上流で川幅いっぱいに網を広げ、浅瀬を数十メートル歩き、下流に仕掛けた網を手繰り寄せるという伝統「合わせ網漁」だ。木戸川の漁協は、四度のモニタリング検査を行い、安全基準をクリアしている。震災前は春に稚魚を一二〇〇万匹から一五〇〇万匹放流し、秋には七万匹以上の漁獲量があったそうだが、今は一割ほどの水揚げにとどまっている。今年一〇月三〇日の報道陣へ公開した漁の時は一匹

もかからなかったそうだ。(『朝日新聞』一〇月三一日)

昼休みを終わって教室に戻る生徒に「これから授業」と声をかける。今日は、イラクにいる高遠菜穂子《たかとおなほこ》氏とオンライン授業だそうだ。高遠菜穂子氏は、難民問題などでイラク支援を今も続け、憲法九条の護憲派の活動家として知られる。悲しみの中で原発難民とも呼ばれた若者の心をゆさぶるような地球規模からのメッセージが語られたに違いない。

海外研修も盛んである。県内高校唯一のスーパーグローバルハイスクールとして、ドイツなどで再生可能エネルギーの街づくりを見学したり、ゼミ代表の国連本部の訪問も行われたそうだ。地域を愛する彼らの視座はここから世界に向かっているのだ。

私はうわべだけを見たのかもしれない。学園の将来に多くの課題が残されていることは容易に想像がつく。しかし、悲劇と又さらに吹く試練の逆風の中で、前を進むことを身の枷《かせ》として纏《まと》わざるを得ない若者の姿がここにある。彼らは前へ進まなければならない宿命を帯びていると云ってもいいかもしれない。しかしその故にこそいかなる教育にも先行する理想への志を有しているのだ。逆境は未来への変革を生んでいるのだ。強く明るい若者との出会いに私は興奮していた。

現実に身を置き遠い未来を見据えることは極めて難しい。しかし我々は被災地の今を見据えることで新たな希望を創造しなくてはならない。それが〝希望の牧場〟のあの牛たちに応《こた》える唯一の答えかもしれない。少なくとも一〇〇年後に歴史を残すという一徹な老人の希望にこたえることになるはずだ。地域の復興をわが身のこととして重く思いをはせれば、冷静なる判断が原発を推進する人々への答えを生むはずだ。

震災から約一〇年、原発の被災地を訪れるたびに私の胸にわいたのは無力感だった。しかし、この無力感は、ふたば未来学園訪問によってその硬直を溶解しはじめていた。前に進めと、後ろから背中を押してくれた。無力感が夢に変わったのだ。その夢は現実に甘えたものではない。厳しい批判精神と雄々しい理想を抱え持った夢だ。

駆け足の訪問だった。帰りの電車の時刻まで一五分を切っていた。職員の方の厚意に甘えて車に同乗させてもらった。日立《ひたち》駅で特急に乗り換えるため、ホームの階段を上がり、ガラス張りの空中テラス風？　のカフェでビールを飲んだ。眼下は冬の暗い海だ。向こうから寄せてはかえす波の音が聞こえるような気がした。瓶の蓋《ふた》を取って鮭フレークを指で少し舐《な》めた。辛味がきいたいい味だ。冬の海は必ず春の海になる。春は夏になり秋になり、木戸川に鮭が戻ってくるに違いない。その頃にはコロナ禍も消えているだろう。来年は数万匹の鮭が帰ってくるに違いない。来年はだめでも、その次の年は大漁だ。その次の年はもっと大漁だ。

第二章　言葉の力、祈り、いじめ、戦争

クリスマスメッセージ「あなたの手」　矢沢宰

「クリスマスをどんなふうに迎えるのかな」と私、こぶしを握りしめ戦う姿勢をとる。

「ちがうちがう」と小学生の歓声。

「どんなかな」と私。

「お祈りのかたち」と三年生のまじめそうな女の子。

「そうだね」と私。

ラグビーの「五郎丸《ごろうまる》だよ」と四年生の男の子。

ワ〜と、盛り上がる記念講堂。

インターナショナルスクールの合唱団の讃美歌《さんびか》を聞いた後の短い時間、ちょっとしたハプニングで、大学生と小学生の合同の礼拝になった。

私が、あまりの可愛さに小学生の前で話をしたくなってしゃしゃり出たのである。

「今ごろ、マリア様は大きなおなかを抱えてよっこらしょ、よっこらしょって、暗い道を歩いているんだよ」と私の大きなおなかをもっと膨らませてよろよろ歩き出す。

みんな爆笑。

「マリアお母さんの肩を抱いているのはだれ」

「ヨゼフ」と大きな声がする。

それから少し話をして、鼻をつまみながら臭い馬小屋をうろうろしている私。

そして、突然。

「オギャア。オギャア」と云う私の素っ頓狂《とんきょう》な声に子どもたちが騒ぐ。

（以前日曜学校でこのパフォーマンスをした時――といっても五〇年以上も前のことだが――には、ここで、子どもたちに目をつぶらせて、「生まれた日のことを想像してごらん」と静かにさせるのだが、この時は時間が短くてできなかった。）

パパが言うよ。「見てごらん。男の子が生まれたよ」

ママが言うよ。「立派な大工さんになりますよ」

「さあみんな、この赤ちゃんを抱きたい人」

「ハイ！　ハイ！　ハイ！　ハイ！」

「弟や妹のある人は生まれたばかりの赤ちゃんを抱いた人がいるかもしれないね。そっと抱くんだよね」

「いつもはね。みんなは神様に抱かれているんですよ。でもね、クリスマスの日はね、生まれたばかりのイエス様を君の手で抱くんだよ。優しく抱かないと、イエス様は、落っこちて死んでしまうかもしれないね。何年も、何十年も、何百年も、何千年も、人々はやさしい手でこのクリスマスを迎えたんだよ」

「クリスマスをどんな手で迎えるかわかるかな」

「やさしい手」と子どもたち。

「そうだね。卵を抱くようなやさしい手だよ」

「一つの詩を紹介しましょう。

矢沢宰《やざわおさむ》さんという、詩人がいました。この人は、僕と同じ年に生まれましたが、二一歳の時に病気で死んでしまいました。今生きていれば七一歳です。ほとんどの生活が病院の中でした。こんな詩があります」

あなたの手は
握りしめるとあたたかくなる手だ
あなたの手は
あたためるとひよこが生まれる手だ

「みんな手を見てごらん。いい手をしてますね」

「クリスマスにはそのやさしい手でイエス様をやさしく抱きしめてくださいね」

詩人・矢沢宰は昭和四一年（一九六六年）に亡くなった。

彼は、小学校二年生で腎《じん》結核を発病し、右の腎臓を摘出。小学校の卒業式で激しい血尿に倒れ、それ以降はほとんど三条《さんじょう》結核病院での入院生活が続いた。一六歳の時、一時回復し、病院付設の三条養護学校中学部に入学する。高校入学前に五年ぶりで退院し、新潟県立栃尾《とちお》高校に入学。しかし、二年生の時、腎結核を再発し、再入院。劇症肝炎を発症し亡くなった。

彼が育った新潟県見附《みつけ》市では矢沢宰賞といった全国の小中高生を対象にした詩の公募があり、『光の砂漠』といった詩集も刊行されているが、矢沢宰といった名前を聞いても、ほとんどの人は知らないであろう。彼は八木重吉《やぎじゅうきち》の後継のキリスト教詩人と位置付けられてもいい存在だ。矢沢宰の故郷の見附市駅前には、特産品の「うるめの佃煮《つくだに》」の看板がある。うるめはメダカのこと。小さな瓶づめが、二〇〇〇円近くするから今は高級品である。メダカ料理と聞いてちょっとびっくりしたが、この地方では、冬場の貴重なたんぱく源である。三〇年ほど前には、家庭料理として一般的だったそうだ。ほろ苦さが口の中に残るなかなかの美味。やや甘口の新潟の冷酒と相性抜群だ。

見附はメダカの沢山いそうな水のきれいな田園地帯である。市の図書館には、矢沢宰のコーナーがあり、一四歳の一〇月から書き始めた詩の原稿や日記、読書ノートがある。二年後一六歳の一〇月には二〇〇篇もの詩を書いている。全部では、五〇〇篇を超えるであろう。中学生・高校生としては読書量も大変なものだ。中原中也《なかはらちゅうや》・八木重吉・石川啄木といった日本の詩人はもとより、広く外国の詩人にも関心を寄せ、ていねいに書写している。矢沢宰の墓前に、自筆の詩が刻された碑がある。

「風が」　　　　　　　　　　　矢沢宰
あなたのふるさとの風が
橋にこしかけて
あなたのくる日を待っている

橋は宰の生家の近くの刈谷田《かりやた》川に架かる河野橋であろう。四〇メートルほどの橋だ。この川で宰はいつも祖父と魚釣りをした。彼を包み込むやさしいふるさとの風が、宰の帰りを待っていたのである。墓のすぐそばに、宰の通った小学校があり、その外壁に宰の詩を主題にしたモザイク画が描かれていた。小学生が力いっぱい書いた大きな手が二つ三つとある。詩「あなたの手」をモチーフにしたものだ。人間は、生まれた時に初めて見るものが自分の手であり、死ぬ時に最後に見つめるのも手だそうだ。

自分の手で私は何をしたか。この一年この手を大切にしてきただろうか。やさしい手だっただろうか。ひよこをあたためることが出来るだろうか。クリスマスにイエスを抱きしめる資格があるであろうか。誰かに抱きしめられるのではなく、誰かを抱きしめることができるだろうか。今年も自問を繰り返して終わりそうである。

弱さ以外には誇るつもりはありません。無名戦士の詩

ニューヨーク市立大学附属病院のリハビリセンターの壁に無名戦士の詩が書かれている。インターネットなどでも紹介され、また『中日新聞』などでも評判になったから、周知のものであるに違いない。翻訳は色々あるようだ。

大きなことを成し遂げるために、強い力を与えてほしいと、神に求めたのに、謙遜《けんそん》を学ぶようにと、弱さを授かった。

より偉大なことができるようにと、健康を求めたのに、
より良きことができるようにと、病弱を与えられた。
幸せになろうとして、富を求めたのに、
賢明であるようにと、貧困を授かった。
世の人々の称賛を得ようとして、力と成功を求めたのに、
得意にならないようにと、失敗を授かった。（後略）

詩を知ったのは、もう六年ほど前である。コロンビア大学での講義の折、大国アメリカの正義、平和主義などが話題になった時であった。戦争から帰った若者が書いたものだとも聞いた。東日本大震災の前の年の秋であった。震災の後、原発事故に関連させながらＮＨＫの『ラジオ深夜便』でも話したことがある。今日本は、アメリカの後を追って強くなろうとしているのではないか。富国強兵などと云ったら大げさかもしれないが、そんな波が押し寄せているようだ。こんな思いが時々よぎるせいかもしれない。この壁書（落書き？）のことを、この頃又よく思い出す。

そこで学園の卒業生に向けての夕べの礼拝でもこの話をすることにした。

この話とともに思い起こすのは、『新約聖書』コリントの信徒への手紙二・12章の

部分である。

「わたしは誇らずにはいられません」とパウロは自分自身のことを語りはじめる。

しかし、自分自身については、弱さ以外には誇るつもりはありません。（中略）主は、『わたしの恵みは、あなたに十分である。力は弱さの中でこそ十分に発揮されるのだ』と言われました。だから、キリストの力がわたしの内に宿るように、むしろ大いに喜んで私の弱さを誇りましょう。それゆえ、わたしは弱さ、侮辱《ぶじょく》、窮乏《きゅうぼう》、迫害《はくがい》、そして行き詰まりの状態にあっても、キリストのために満足しています。なぜなら、わたしは弱いときにこそ強いからです。


現在のギリシャの南の海岸地方であるコリントでは、当時イエスの福音共同体が、混迷状況にあった。その混乱の中で苦労する仲間たちへのメッセージである。手紙の主であるパウロ自身の苦悩を示しているとも解釈されている。

弱さをキリストからの賜物であると考えることなど到底出来ない。行く手を前に肩を落とす友人にそんなことが云えるであろうか。単なる自己犠牲を示しているのではないか。悲劇の肯定ではないか。

自分にあてはめて、自問自答してみるが、この言葉を鵜呑《うの》みには出来ない。まして輝かしい卒業の時に、「弱さ以外には誇るつもりはありません」などと語り継ぐことが祝意の祈りになりうるのだろうか。私は、今目の前にいる諸君の多くが希望に満ちて旅立ちを迎えようとしていると信じる。しかしこの中には、弱さに打ちひしがれている人がいるかもしれない。私は弱い人に向かって今このメッセージを発する。信仰の原点は、自己の弱さを認めることである。自信満々のものに神は見えない。自分の弱さを知ったときに神と出会うのではないか。ならば、出会いへの感謝とは、自分の弱さと表裏のものではないのか。

邂逅《かいこう》（出会い）への謝念とは、共にその弱さを共有することから生まれるのだ。そして、悲しみを共有するのが仲間であるという認識は、共に生活した私たちの心の中の奥底にあることだと認識してほしい。

さらにそれは、祈りと云う行為を共有するあらゆる宗教の共通の認識でもあるはずだ。

人生において、得ることよりも失うことのほうが多い。満足は日ごとに消えていくが、喪失は忘れられないといってもいい。喪失感は祈りにおける復活の元素だ。祈りは、自分の弱さを知ることによって発せられる。聖書は13章4節で、次のように語る。

「キリストは、弱さのゆえに十字架につけられましたが、神の力によって生きておられるのです。わたしたちもキリストに結ばれた者として弱い者ですが、しかし、あなたがたに対しては、神の力によってキリストと共に生きています」

聖書の語る言葉の意味しているのは、弱さを賜物《たまもの》と受け止めることである。キリストは大いなる弱き者。キリストの教えに導かれたわたしたちも弱き者だ。弱さゆえに強くなれる、そんな思いに素直に頷《うなず》くことは出来ない。しかし、いつかそう思う、思わないではいられない日がおとずれるかもしれない。その日のために、無名戦士の書き残した詩と神のみ言葉を忘れないでほしい。共に弱きものよ。前途に幸あれと祈る。

イエス・恕・非戦・「いじめ」

イエス・キリストが、ガリラヤ湖のほとりの小高い山の上で行った説教は、山上《さんじょう》の説教などと呼ばれ、キリスト教の教えの中でも、もっとも大事な教えである。それを伝えているのが、『新約聖書』「マタイによる福音書」の第5章から第7章の部分だ。この部分には、「主の祈り」、「地の塩」、「狭き門」などの話があるが、その中でもっとも要《かなめ》になる教えの一つは、以下の部分である。

「人にしてもらいたいと思うことは何でも、あなた方も人にしなさい」（7章12節）

相手が願っていることを、相手がこのようにして欲しいということを、自らが感じ取って行動を起こしなさい、相手の気持ちを理解することが大切だというのだ。この教えは、黄金律ともよばれ、重要さが強調されてきた。キリスト教のみではない。この認識は世界に共通のものである。ユダヤ教には「自分が嫌なことは、ほかのだれにもしてはならない」（『トビト記』）とあり、イスラム教では、「自分が人から危害を受けたくなければ、誰にも危害を加えないことである」（『ムハンマドの遺言』）等とある。ヒンズー教の教えにも同じような教えがある。日本古来の神道にもきっとあるはずだ。仏教や儒教でも、同じようなことが言われている。日本の思想に大きな影響を与えた仏教『論語』では、孔子《こうし》に向かって弟子が、「先生、一言で生涯行うべきことを表すことが出来ますか」と問うと、孔子が、「それは恕《じょ》だな。自分がされたくないことは、他の人にもしないことだ」と答えている。福沢諭吉《ふくざわゆきち》が、『福翁百話《ふくおうひゃくわ》』で、「己の欲せざるところを人にほどこすことなかれとは、古聖人の教にして、之を恕の道と云ふ」と云っているのは、この論語の話によったものである。非常にシンプルなことのように考えられるが、これは極めて複雑で難しいことだ。多くの教えのメインテーマになっているのは実行がつきまとうからである。

　まず難しいのは、伝える「言葉」だ。

　相手に投げかける言葉が決して相手にのみ向かうのではなく自分にも向けられていることを自覚しなければ相手の気持ちを理解することが出来ない。

　相手を傷つける言葉や行動は、自分の使うナイフのようなものだと云う。相手を傷つける言葉〝ナイフ〟が自分に向けられた〝ナイフ〟になったらどのように感じるか。私は、自分の言葉や行動が、時に〝ナイフ〟になっているのではないかと自問する。

　敵対する国同士でも教えられている宗教のもっとも大切な事は同じであるはずだ。例えばイスラム教もキリスト教も仏教も儒教もさらに多くの宗教は「人の嫌がることはするな」と教えているはずだ。それなのに戦争が起きる。

「人の嫌がることはするな」という教えは、ナイフにもなりうると云ったが、それは保身しながら、相手の心を傷つける〝ナイフ〟になっているからだ。その〝ナイフ〟

は、保身しながら、自分の身を保つことが出来ないことはもちろんだが、自分を傷つけるのだ。結果として待っているのは、正しいと信じていた自己の崩壊である。自分の国の「平和」を維持するために、相手を傷つけるのだ。武力行使はナイフをもって突きかかることとなのだ。武力行使は自分の身の上の危険をさらに増長することにつながる。ナイフはブーメランのように自らの体をそこなうのである。

この文章を書いている時、次のような言葉が浮かんだ。

一七世紀ペルシアの詩人、タブリジのサーイブ・タブリーズィーの言葉だ。

「敵を愛する秘訣は牡蠣《かき》に学ぶべし。ナイフで口を切り裂かれても、相手に真珠を授けるのが愛の道」

坂本龍一《さかもとりゅういち》監修『非戦《ひせん》』（幻冬舎）の中でネパールの医師モスタファ・ヴァジリが引用したものだ。『非戦』は、WTC《ワールドトレードセンター》が崩壊した二〇〇一年九月一一日のアメリカ同時多発テロ事件の直後に執筆されたものである。監修者は坂本龍一、執筆陣には、オノ・ヨーコ・中村哲《なかむらてつ》・辺見庸《へんみよう》などの名があがっている。あの時から一七年経過したことに思いを新たにした名著である。

地球の歴史が繰り返し発してきた「恕」のメッセージに逆らいながら、さらに悪い方向へ、さらに泥沼へとこの一六年の歴史は動いたのである。それを少しでも止める力になるはずであった日本の憲法でさえ、歴史に飲み込まれ〝黄金律〟を忘れ、改正の論議は始まろうとしている。『非戦』の刊行目的は、「sustainability for peace」だ。

〝いじめ〟が起こってから対応するのが多くの教育機関の現実である。しかしそれではあまりに遅すぎる。起こらないようにするには何をなすべきかが重要だ。〝いじめ〟を絶対に起こさないために、厳しい人権教育も必要だ。毅然《きぜん》とした姿勢も必要だ。はっきりと「ダメ」なものは「ダメ」ということも必要だ。「ヘイト」などの誤った思想教育に対しては、絶対的拒否指導が必要だ。生徒・学生が深く自主的に人権の問題を考えていくことは重要な教育方法だが、そこには教育者の強いリーダーシップが求められる。教育者また学校は、差別や人権阻害に対しては、自己の立場をはっきりさせて、立ち向かうことが重要だ。大人としての責任が必要なのだ。

「いじめ」が、戦争の根源であることを忘れてはならない。子供のいじめの背景にあるのは、「戦争」の容認である。学校は「非戦」を貫き、完全なる「いじめ」根絶への旗手でなければならない。

闇が呼ぶ光

ひとつ好きな字をあげてくださいと云われたら、わたしは「闇」と云う字をあげる。そんな、縁起でもない。卒業式直前の晴れの日の礼拝に、何を云うんですか。又、へそ曲がりの学部長の戯《ざ》れ言《ごと》ですか。そんな風に云われるかもしれない。どうしてもこの字が語りかける〝物語〟を覚えておいてほしいと思うのだ。

この字をよく見て欲しい。門構えに音とある。門は密閉である。閉じ込められているのだ。すべてを見えなくしているのだ。しかし、その中で音が聞こえるのである。闇が深ければ深いほど音が聞こえてくるのだ。この音こそが救いの予兆のような気がするのである。研ぎ澄まされた五感が神聖なものを呼び込むような気がするのだ。語義の説明では、門は聖人を祭った神聖な場所〝廟《びょう》〟を表し、「音」は廟の中での神からの「音なひ」を示すのだと云う。「音なひ」は、「おとずれ」とも関連するもの。神のお告げが現れる場が闇だとも云うのである。語義的にも漢字の「闇」は不吉なことのみを指すものではない。闇の向こうにあるのは救いなのだ。神のあらわれる前提と云ってもいい。眼を閉じると云うことは、自らの行為の中で、暗闇を感じることだ。

目を閉じる、瞑目という行為なしに祈りはあり得ない。闇と対照的に想起される言葉は「光」である。聖書の中で、「闇」と「光」について触れている箇所がいくつかある。

「言《ことば》の内に命があった。命は人間を照らす光であった。光は暗闇の中で輝いている。暗闇は光を理解しなかった」（ヨハネによる福音書1章4—5節）

命が光であるとするならば、闇は死か。絶望か。闇がなければ光はあり得ないのだ。「闇」は光の前提なのだ。命は、「闇」を通じて生まれてくるのである。「光」のみでは、「命」は生まれないのだ。

先日、卒業生と寮生のお別れの夕食会で、女子学生の光風寮に招かれた時、「光の子」という聖書の箇所の話が出た。光風寮の名前の元になったのは、「エフェソの信徒への手紙」5章8節「あなたがたは、以前には暗闇でしたが、今は主に結ばれて、光となっています。光の子として歩みなさい」と云う箇所からの言葉である。「闇」を感じるものが、「光」に向かうのだ。

燦燦《さんさん》と降り注ぐ「光」ではない。「闇」の中でもしっかりと灯《とも》す「光」だ。栄光の光ではない。灯し続ける「光」だ。仏教に「一隅《いちぐう》を照らす」という有名な教えがある。伝教大師最澄《でんぎょうだいしさいちょう》が伝えた言葉だ。「宝石が国の宝なのではない。社会の一隅にいながら、命を照らす生活をする。その人こそが、なくてはならない国の宝なのだ」という意味だ。これにもいろいろな解釈がなされるのであろうが、私には、「一隅を照らす」と云う言葉が〝「光の子」らしく歩め〟と聞こえてくる。そしてそれが闇の中でも、否、闇であるからこそ、希望の声を聴いて「光」を呼び寄せて歩くのだと云う気がしてならない。祈りは、「闇」の世で手繰り寄せる一筋の光である。闇夜の一隅を照らす光こそ「いのり」なのだ。君たちの前に続く長いこれからの道は、降り注ぐ光の道ばかりではない。暗く、闇夜の道も必ず来るに違いない。その時ぜひ「闇」の字を思い出して欲しい。「闇」は絶望ではない。いのりの中で耳をすませば、「音」が聞こえるはずだ。友の声かもしれない。緑を渡る風の音かもしれない。忘れ得ぬ年月の懐かしき音である。見えるものは、衰える。見たものは色あせる。しかし、君らの胸に閉じ込めた若き日の「音」は、滅びることはない。その音を忘れてはならない。

いのりの日々に飛び立つ君に幸あれと祈る。

慈しみを忘れてはならない

自由学園の保護者会の礼拝で次のような話をした。

「質問をします。次の言葉の反対語（対になる反意語かもしれません）を言って下さい。〝親孝行〟の反対語は何ですか。反意語として皆さんが想像するのは親不孝でしょうか。親不孝ではありません。「親」の対照語は「子」ですね。それと同じに「孝」の概念と対照的に使われる語を考えてください」

この質問を色々な所でした。海外の大学で講演したときの、私の決まりきった導入の話だ。この質問をポーランドのワルシャワ大学でしたことがある。受講生は日本文学を学んでいる大学院生を含めて二〇人くらいだったが、八割の人が見事に答えた。優秀な日本学研究者も輩出している。八割はこの歴史を背景にした回答率であろう。ワルシャワ大学は、日本語教育ではロシアについで長い歴史を持っている。ワルシャワ大学は特例かもしれない。三〇年も前のことだが、学生は辞書を丸暗記していた。その結果かもしれない。アメリカの大学でも同じ質問をしたが、ワルシャワ大学のような高い回答率は出なかった。中国でも質問したが、ワルシャワほどではなかった。

回答の確率順位は、ポーランド・中国・アメリカの順であろう。

さて日本では……。わたしも質問されたら答えられるかどうか自信がない。

この原稿を書いているときに、学生が面談に来た。ここまでの話をすると、それは「愛」ですかと答えた。たしかにそれに近いのだが、「愛」は、親子関係にのみ存在する言葉ではない。愛は広い概念だ。もちろん日本でもこの質問をしたが、回答率はアメリカ以下だった。

〝親〟に対応するのが〝子〟ですね。〝子愛行〟とは云わない。〝不孝〟つまり親に対して、愛情を持たないことの反意語として〝不愛〟とは云わない。〝子煩悩〟ですか、と学生が又答えた。近いが、子を愛することが煩悩と云うことであれば、いささか否定的な意味になる。

子から親へ、これが孝行。

私が質問しているのは親から子へ。

前置きが長くなったが回答は、「慈」である。

親孝行の反対語、反意の対象語は「子不慈」である。不孝の反対語は「不慈」だ。『広漢和辞典』（大修館書店）では、中国の『礼記《らいき》』を引き、「喪に勝《た》へざれば、乃《すなわ》ち不孝不慈に比す」と例文が載っている。「喪」を守らないものは「不孝不慈」だと云うのだ。親が死んでも子どもが死んでも、またたとえ友人が死んでも、「喪」に服さないのは、子を愛することもなく、親が子を愛する道からも外れていると云うのだ。

矢印で整理すれば、親→子が「慈」。慈しみの意味だ。

「慈愛」「慈母」「慈雨」などとも使う。「慈」は、階層的な上位者から、下位者に向けられる愛情である。「慈」の行為〝慈行〟がなければ「孝」の行為〝孝行〟は生まれてこないのだ。ところが、「孝」と結びついた言葉は、「慈」ではなく「忠」であった。「忠」は原義的には誠意を尽くすと云うことであろうが、一般的に使う場合には、下位者から上位者に対する一方的な被支配構造のなかでの忠実さである。私たちは「慈」と云う言葉を忘れたのだ。忘れさせられたのかもしれない。

例えば、戦前の教育では、天皇を父と呼び〝孝〟を尽くせ、さらに家庭においては、父母に〝孝行〟せよと教えた。そして国家に〝忠〟を尽くせと教えた。「慈」はどこかに消え失《う》せて、「孝」と結びついたのは「忠」となったのである。教育勅語と云った教育理念がこれに拍車をかけたことは云うまでもない。

〝忠を離れて孝なく、父祖に孝ならんと欲すれば、天皇に忠ならざるを得ない〟これが、教育勅語の道徳でもある。

この結果、父母又は目上に対する尊敬は絶対的価値観を持つようになったのだ。戦前の憲法で根幹をなす思想がある。尊属殺人に対する規定である。尊属殺人とは、祖父母及び両親などを殺害することである。一九〇八年制定の明治刑法では、父母（自己または配偶者）を殺した場合は通常の殺人罪とは別に尊属殺人罪が設けられていた。通常の殺人罪では三年以上または無期懲役、死刑であったのに対して、尊属殺人罪では、無期懲役または死刑である。刑罰の下限は尊属殺人罪ではより重くなっていたのである。この法律は、戦後憲法発布後も効力を持ち、七三年（昭和四八年）に日本国憲法下では違憲との最高裁判決が出され、九五年（平成七年）に削除された。尊属殺人罪の適用は、儒教による影響であるとか、フランス法の影響を受けているなどと、多くの議論があるが、私には遅すぎる削除判決であったと思う。〝忠〟や〝孝〟の虚飾に満ちた美談が、あまりに語られ過ぎたのではないかと私は思う。

幼稚園児に教育勅語を暗唱させる。考えられないことだ。その考えに同調し、名誉ある職につくリーダーが国家の中枢にいることにも疑問を持たざるを得ない。公僕たる官僚が忠犬のように権力の顔色を窺《うかが》い書き換えを行っていることも、硬直しきった大きな大学が組織への忠を前提に、スポーツマンシップをも奪っていることも〝慈〟を忘れた結果であろうか。孝行を要求する不慈なる力が、「慈」の一語を忘れて横行したのだ。日本の戦争の悲劇が、「忠」・「孝」の過剰が一因であることは間違いない。その過剰さに教育の現場は毅然と立ち向かわなければならない。

愛は寛容である

一九八七年版の『新共同訳 聖書』では、「愛は忍耐強い。愛は情け深い。ねたまない。愛は自慢せず高ぶらない」とあるが、私が学生時代に読んだ五五年版の『口語訳聖書』では、以下のようになっている。

「愛は寛容であり、愛は情け深い。また人をねたむことをしない。愛は高ぶらない、誇らない」
（コリント人への手紙一 13章4節）

何度も読んで来た聖書の箇所だが、最近この言葉が突き刺さるような思いがする。ここで語られる愛は、ギリシャ語では「アガペー」である。愛を示す言葉としては、性的な愛「エロス」、家族愛の「ストルゲー」、友への愛「フィリア」という表現が使われているから、性愛・家族愛・友愛とも違ったさらなる愛への導きとして、使われているのである。宗教は、一般論として言うならば、不寛容である。自分の信じるものに最大の価値を置くことによって信仰が成り立っていると云うことで他者を排斥する。宗教論争さらに宗教戦争でもこの不寛容さが原因であると云えよう。しかし、ここで強調されているのは、「寛容」である。唯一の神を信じ不寛容に見えるキリスト教が寛容こそ大事だと云っているのだ。極めて矛盾しているようだが、私にはこれがよりすがるべきキリスト教への道のような気がしてならない。

この一見相互に矛盾するベクトルを私なりに考えてみたいと思う。

大学三年生の時に、文学部に編入したが、一、二年は法学部だった。創設間もない立教大学法学部のシンボル的存在は、宮沢俊義《みやざわとしよし》教授だった。宮沢教授は、新憲法発布においてもっとも大きな役割を果たした人物として当時から著名であった。教授は、落語が大好きだったそうだが、講義の間合いは見事なものであった。又、野球が大好きで、後年にはプロ野球のコミッショナーも務めた。飄々《ひょうひょう》とした静かな授業であった。ワルが沢山詰まっている大教室であったが、この時だけは誰も無駄口をたたくようなことはなかった。

講義中、この言葉だけは記憶にとどめておきたいと思った。

「日本は負けたんだよ。それを忘れちゃいけないよ。（エー……、しばらく間）敗《ま》けた

からこそ持てる誇りもあるんだよ」（落語研究会の先輩曰《いわ》く、あれは古今亭志ん生《ここんていしんしょう》の調子だよ、と解説）

「敗者の誇り」は九月の末、アメリカ、インディアナ州の高校生に漫画『ワンピース』について語った時にも、日本のアニメの面白さの例としての名セリフで云い添えたものだ。一八歳の自分は、けっして大学に入学したことが誇りではなかった。父を亡くし故郷に帰る家もなく、一浪してやっとの思いでの合格であったから、どこかに負け犬のような気持ちがあった。そんな時だからこそ、「敗者の誇り」という逆説的な言葉は身に沁《し》みる思いがした。

敗者として忘れてはならないことが多くあったが、それらは走馬灯のように消えていった。敗者の持つ誇りが生み出すものが、愛の寛容さである。イエスは勝者ではない。十字架につけられた敗者であるがゆえに誇りを持っていたのである。

私たち日本人は、日本人であることを誇り、自慢し、相手を見下すことにならされて寛容さを失ってきたのかもしれない。寛容が得るものは平和への道である。イエスの処刑裁判の直前、群衆の暴力にむかって発せられた誇りに満ちた言葉である。

「剣《つるぎ》をさやに納めなさい。剣を取る者は皆、剣で滅びる」

隣人を自分のように愛しなさい

（マタイによる福音書26章・52節）

あまりに悲劇的な児童虐待の話が続いている。目や耳をおおいたくなるが、いま私たちにできるのは悲劇を直視することだ。もちろんあまりにむごい親の所業に憎悪をつのらせ、加害者にひそんだ病理の追究も、国家の法改正も必要であろう。学校、教育委員会、児童相談所の責任を追及し原因究明に当たらねばならない。私たち一人一人が行わなければならないのは、この問題を私たち自身の問題として受け止めることだ。例外中の例外であると云った意識で、他人事《ひとごと》として受け止めていたならば、悲劇はさらに拡大するであろう。悲劇の拡大を防ぐのは我々の責任だ。これは隣人の犯したことなのだ。そして隣人とは私たち自身なのだ。隣人が変わったのではない。私たち日本人が変わったのだ。

安政《あんせい》六年（一八五九年）に来日したイギリス公使オールコックは、次のような光景を記している。

「江戸の街頭や店内で、裸のキューピッドが、これまた裸に近い頑丈そうな父親の腕に抱かれているのを見かけるが、これはごくありふれた光景である。父親はこの小さな荷物を抱いて、見るからになれた手つきでやさしく器用にあやしながら、あちこちを歩き回る。ここは捨て子の養育院は必要でないように思われるし、嬰児殺《えいじ》しもなさそうだ」

快活な子供が町にあふれていたことに驚いたのは、オールコックのみではなく、他の外国人が一様に江戸時代末の日本の子供たちの光景に驚いたのだ。江戸時代、悲惨な飢餓状況の中で子供が間引きされ犠牲になり、身売りが行われたりしたことは確かだ。このような幸せな光景ばかりであったとも思わないが、西欧の養育姿勢と日本での子どもの扱いが異なった印象を彼らに与えたことは確かだ。

こんな話も西鶴《さいかく》作品に出ている。幕末から一五〇年ほど前のことだ。

「生きとし生ける者で、子に迷わない者は一人もいない。どれほど愚かに生まれついた子供でも、その親の前では決して悪く言ってはいけない。子供の悪事が重なり、それを懲らしめようと杖を振り上げながらも、脇から止めてくれる人が出て来るであろう、なぜ早く止めてくれないかと恨むものである。ことに七歳より小さい子供の場合は、例えば左の手で箸を持ち、金槌で茶釜を割っても、「いや、気の強いところがある、男はそれでなくてはならない。箸もしまいには自分から右の手で持つようになるものだ」と軽く言い流して、仮にもよその子の賢いことを、話にも出してはいけないことだ」(現代語訳)

元禄《げんろく》七年(一六九四年)刊『西鶴織留《おりどめ》』巻六

自分の子供ばかりかわいがるなどと云うひとりよがりなことは、利己主義にもつながるであろう。自分の子供にとっても良くないことだ。しかし、子供の欠点ばかり探し出し、褒めることを忘れ、躾《しつけ》と称して悪口を並べたてるなどもってのほかのことなのだ。他人の子供と自分の子供を比較してはならない。「仮にもよその子の賢いことを話にも出してはいけない」子供にはそれぞれに良いところがあるのだから長所をくみ取らねばならないとも言うのだ。そして西鶴は、折檻《せっかん》する親が子供に暴力をふるうような時でも、誰かそれを止めるのを待っているのが親と云うものだ、誰も止めてくれなかったらその親が周囲の者を恨むに違いないとまで言っている。子育てに関しても他人のお節介が必要だと云うのだ。教員生活の中で、暴力をふるう何人かの保護者の方と接してきた。児童相談所に生徒の保護を依頼したこともある。保護者の反応は一様であった。

「うざい！　お節介だ！」

うざいは、「じゃま、面倒だ、うるさい」といった言葉。これは会話の拒否である。多くの若者が使う言葉として伝染した言葉だが、東京近郊の方言であったのが一九八〇年代から一般的に使われた新語である。「お節介」は、語源ははっきりしないが、「ちょっかい」などと同義で、いらぬことに口を出したり、余計な世話を焼くことの意味で古くから使われている。

「私の子供のことだ、ほっといて下さい。余計な口出しは邪魔だ」と暴力をふるった保護者は同じように云うのである。

九〇年の児童虐待に関する児童相談所での対応件数は、一一〇一件。これが、二〇〇七年度では四万件を超え、さらに一七年度では、一三万件を超えた。各地に児童相談所が設けられ相談件数が増加したこともあるであろう。それにしてもなんと児童虐待が増え続けたことだ。平成の約三〇年間で一〇〇倍以上に増えたのだ。〇七年の統計を示したのは、この年熊本の慈恵《じけい》病院に「こうのとりのゆりかご」（所謂《いわゆる》赤ちゃんポスト）が設置された年だからだ。赤ちゃんポストの是非について軽々に結論を出すことはできない。しかし、一九年の報告によれば、一週間に一人の割合で幼児虐待によって幼い命が奪われている。これはかって日本の歴史上ありえなかった「平成の悲劇」だ。偏った孤立・個人「家族主義」の行き着いた果てである。

江戸時代で、児童虐待で死に至らしめるようなことがあったら、極刑だ。各藩によって異なるだろうが打ち首が妥当であった。幼児虐待をしたものは、地獄へ堕《お》ちる。地獄の名前は、「悪見処《あつけんしょ》」。源信《げんしん》の『往生要集《おうじようようしゅう》』には、「ある所は悪見処と呼ばれているが、他人の子供を捕まえて、よこしまなことを強要して、泣き叫ばせた者がここに堕ち、苦しみを受ける。それは罪人が自分の子供も同じ地獄に堕ちているのを見る苦しみである。（中略）ある者は鉄の錐《きり》で、その子供の陰部に突き刺し、あるいは鉄の鈎《かぎ》をその陰部に打ち付ける。罪人は我が子にこのような苦しみがふりかかっているのを見て、愛《いと》しさのあまり、悲しみに魂消え、堪え忍ぶことができなくなる」とある。

児童虐待、この場合は僧の男色における性犯罪だ。稚児など子供を犯した者は、自分の子供が同じような責め苦にあうと云うのだ。親としてそれは耐えられないであろうとの前提があって地獄の責め苦を受けるのである。わが子を殺した者が堕ちる地獄はない。わが子は自分の自由になる私有物と考えたからであろうか。そうではあるまい。源信の視野に我が子を虐待することなど視野に入らなかったのだ。

江戸時代中期に出された、「生類憐《あわれ》みの令」は、犬の保護、動物愛護の過剰な法令として知られているが、本来は「捨て子」の保護政策だ。捨て子を放置する者、殊に捨てられた地域が放置した場合への厳しい罰則である。「七歳までは神の子」とされた江戸時代、子供は公共的愛情の対象だったのだ。子供が捨てられた場所の住民はその子を養育する責任があったのである。極端な例を示したかもしれない。しかし私が言いたいのは、現代の悲劇が隣人への関与を忘れた結果ではないかと思うからだ。

先日、自由学園の保護者会のリーダーの方々と話す機会があった。その時、こんな声が上がったのに私は驚き、感動した。

「自分の子供だけでなく、他の子どもたちの状況も知らせてほしい。何かお役に立つことがあったらしたい」

各々の私的情報に関する配慮は十分にしなければならない。しかしその配慮が孤絶を生むことになってはいけない。他人の子供の悩みを、自分と同じように子育てに悩む仲間としてとらえる。他の子供のことも自分の子供と同じように考える。他者は自己の反映、自己は他者の反映。もとより過干渉ではない。他者の子育てへの無視は罪悪だ。「うざい」と拒否する姿勢と何ら変わらない。今の世だからこそ、互いの愛に基づく「お節介」が必要なのではないか。他者を愛することは、教育現場がよって立つイエス・キリストからのメッセージであり掟《おきて》なのである。

「隣人を自分のように愛しなさい」（マタイによる福音書22章39節）

友なるイエス

寂しい気持ちが風のように忍び込んだ時に思わず口ずさむ讃美歌がある。讃美歌312番だ。

慈《いつく》しみ深き友なるイエスは
罪、咎《とが》、憂いを
取り去り給《たも》う
心の嘆きを包まず述べて
などかは降《おろ》さぬ
負える重荷を

結婚式でも、又葬式でもこの歌が歌われる。よく知られる讃美歌のうちの一つである。心に響くのは歌い始めの「慈しみ深き友なるイエス」の部分だ。アイルランド人が書いた原詩にも「ジーザスはフレンド」とある。フレンドは、古英語では、愛するという意味だそうだ。ラテン語では「アミークス」これも愛するという意味で「アモーレ」からきているようだ。「アモーレ」も同源だ。「アモーレ　アモーレ　アモーレミオ」と叫ぶ、イタリア映画を思い浮かべるかもしれない。「メイト」も「クラスメイト」などと友人として使われるが、語源は「ミート」肉だそうだ。フレンドと呼ぶ、友人には、「愛」という言葉がその底で光り輝いているのだ。312番を歌うと、少しおそれおおいような気持ちになる。「神の子」であり、主としてあがめるイエスを友と呼ぶような存在ではないと感じるからだろう。

この讃美歌で思い出す、事柄がもう一つある。それは、「同行二人《どうぎょうににん》」という言葉だ。四国巡礼の遍路の時に被《かぶ》る笠《かさ》にこの文字が書かれている。春の初めに四国を旅したことがある。この時に驚いたのは、お遍路に非常に多くの若者が来ていることであった。そしてその若い人たち（ほとんどが一人で来ているのだが）が、鉦《かね》をたたき御詠歌を歌っているのだ。長く少し間伸びをしたように歌うのだ。

「ありがたや行くも帰るもとどまるも我は大師と二人連れなり」

一人自分で歩く時も、離れずに大師が一緒だというのだ。大師は、弘法《こうぼう》大師、空海《くうかい》である。ただひたすら一緒にいるというのだ。何を語り、何を教え導くというのではない、黙々と歩いているけれども一人ではないというのだ。

「友なるイエス」という言葉から、御詠歌を思い出すなどと言うのは、敬虔《けいけん》なクリスチャンからも、まじめな仏教信徒からもお叱《しか》りを受けるかもしれない。しかし私はこの讃美歌を聞くたびに「同行二人」の文字が浮かぶのだ。

フランスの詩人、随筆家のアベル・ボナールは友情について、「友人同士は完全な平等のうちに生ずる。この平等はまず第一に、彼らが会った時に社会上のあらゆる相違を忘れるという事実から生まれる」と記している。友人関係と言うものが、まったく平等であるというのだ。友という存在が、「平等」という理念を有していることは確かである。友人関係に環境や貧富の差が介入するなら、大切な人権の平等性は保ちえない。社会的な地位との相関関係とか、貧富の差とか、そのような差別をごく自然に拒否できるのが友人である。

イエスも、空海も、「私はあなたと同じ位置にいるんですよ」そんな風に語りかけているのだ。

「どのようなときにも、友を愛すれば、苦難のときの兄弟が生まれる」

これは『旧約聖書』箴言《しんげん》・17章17節の言葉だ。私たちは、コロナ禍の中で未《いま》だかって経験したことのない時間を過ごしている。確かにそれは苦難の時だ。こんな時に、「箴言」のこの聖句が胸に刺さる。このような苦難の時だからこそ、本当の友が生まれるというのだ。私たちにとって、「友」とは何か。友情とは何か。後期高齢者になった私はしばらくそんな問いかけを忘れていたようだ。

デンマークの生んだ小説家アンデルセンにこんな言葉がある。

「山から遠ざかればますますその本当の姿を見ることができる。友人にしてもこれと同じである。」

思い出の詰まった友達に今こそ手紙を送ってみようかなと思った。思い出を振り返る友人も大切だ。しかしもっと大切なことは、今ここで苦難を共にしている「友」の新たな「愛」を見出《みいだ》して兄弟への歩みを続けることなのだ。

言葉の力・祈りの時を

見える相手に対しても、私たちは、相手の心を傷つけることを平気で言ってしまう。面と向かってこんなことを云えば、相手はきっと悲しい思いをするだろうと考えていながらでも、残酷な言葉を発してしまう。悪いこと云ってしまったなと思いながらも、次々と相手の嫌がる言葉が出てくる。そんな経験をしたことが君らにもきっとあるに違いない。

言葉ほど、恐ろしいものはない。一たび口を出れば、それはどんなに訂正や謝罪があったとしても、相手の心に残る。時間がその過ちを消してくれるという人もいるが、それは言葉を発する側の身勝手な云い方である。言葉の持つ根源的な畏怖《いふ》なるものは、言霊《ことだま》といった宗教的な表現にも表されている。言葉には、発せられた言葉の内容通りの状態を実現する力があると信じられ、又霊力を持った神の託宣としても使われた。言葉は神の力と共にあったと考えられてきた。言霊は、古代日本社会の権力と支配を象徴するものだが、キリスト教社会においてもこれに類似した考え方がある。今日引用した聖書である。

「初めに言《ことば》があった。言《ことば》は神と共にあった。言《ことば》は神であった。この言《ことば》は、初めに神と共にあった。万物は言《ことば》によって成った。成ったもので、言《ことば》によらず成ったものは何一つなかった。言《ことば》の内に命があった。命は人間を照らす光であった」

（ヨハネによる福音書1章1—4節）

ここで語られることを私なりに整理すれば、言葉＝神＝命＝光となる。言葉なしに神は生まれず、あらゆるものが神と言葉と共によって作られたというのである。そして、その言葉に光の命が与えられたと云うのだ。ここには、私が最初に述べたような、言葉は恐ろしいものであるという考え方は表出されていないように感じるかもしれない。そうだろうか。言葉が神であり、光であるとしたら、それを裏切る行為、つまり命である光の言葉を傷つけることが如何《いか》に罪深いことであるかを云っているのではないか。目と目を合わせて、肉体と肉体でしか、コミュニケーションを取れなかった時代は、文明の進歩によって、手紙を生み、電話を生み、さらに現代はメールが活用されている。手軽さ、便利さを優先させることによって私たちは「言は肉となって、わたしたちの間に宿られた」（同・14節）という、神の導きを忘れ去ったかのように思えてならない。

私たちは、言葉の持つ神の宿りを、言葉の厳粛さをここであらためて想起すべきだと考える。言葉で相手を傷つけることは、神への暴虐なのだ。傷つけたものは神の怒りを、言葉の怒りを受けなければならない。相手の見えないメールでのいじめ行為は、もっとも大きな罪である。本学学則の退学にも値するものだ。軽はずみ、軽犯罪等と云ったものではない。本校がキリスト教主義の学校であることは、諸君へ神の大いなる救いを伝えることが本意である。そしてそれと同時に、神の怒りに対して我々は忠実であることを示さなければならない。悪を憎み、罪への処断を受けいれなければならない。愛は厳格な精神から生まれるのだ。

再度云おう。私は校長として、暴力そして言葉によるいじめを許さない。私のメッセージが伝わらぬ者は、校門を入ってはならない。もう一箇所聖書を読む。人格を形成する言葉を語りあうのだ。悪意のある言葉を発することは絶対にあってはならない。これはキリスト教を基盤とする本学の鉄の誓いだ。

「悪い言葉を一切口にしてはなりません。ただ、聞く人に恵みが与えられるように、その人を造り上げるのに役立つ言葉を、必要に応じて語りなさい。神の聖霊を悲しませてはいけません。あなたがたは、聖霊により、贖《あがな》いの日に対して保証されているのです。無慈悲、憤《いきどお》り、怒り、わめき、そしりなどすべてを、一切の悪意と一緒に捨てなさい。互いに親切にし、憐れみの心で接し、神がキリストによってあなたがたを赦《ゆる》してくださったように、赦《ゆる》し合いなさい」

（エフェソの信徒への手紙4章29―31節）

今年の一学期は、三月一一日に起きた大震災の影響を強く受けた学期だった。特別時間割の設定、又、節電対策などによるクラブ活動の時間短縮など、生活のリズムにも影響があった。しかし、多くの生徒諸君は、この大変な時期を心して過ごしてきたようだ。悲劇を受け止める最も大切な態度は、謙虚さである。大きな力の前に無力を感じ、今こそ、神とは何か。本校がキリスト教主義であることの意味を問わねばならない。諸君の胸に厳粛な一時の祈りのあることを……。

愛する旅に出よ——オリンピック精神

今年（二〇一四年）、ソチで開かれたオリンピック・パラリンピックのことである。述べようとするのは、感動的場面や、無念の表情のことではない。オリンピックの精神である。あまりに勝つことを優先させ、国家の名誉にこだわることによって、忘れ去られたオリンピック精神のことである。オリンピック憲章は、前文に歴史と五つの大陸の団結を述べた後、オリンピズムの根本原則として七章が示されている。その中で私が注目し、読むたびに覚醒《かくせい》されるのは、第一と第四の根本原則である。第一は次の如くである。

「オリンピズムは人生哲学であり、肉体と意志と知性の資質を高めて融合させた、均衡のとれた総体としての人間を目指すものである。スポーツを文化と教育と融合させることで、オリンピズムが求めるものは、努力のうちに見出される喜び、よい手本となる教育的価値、社会的責任、普遍的・基本的・倫理的諸原則の尊重に基づいた生き方の創造である」

又、第四は次の如くである。

「スポーツを行うことは人権の一つである。すべての個人はいかなる種類の差別もなく、オリンピック精神によりスポーツを行う機会を与えられなければならず、それには、友情、連帯そしてフェアプレーの精神に基づく相互理解が求められる」

冒頭にオリンピック憲章はオリンピックが人生哲学であると述べる。そしてその人生哲学は、スポーツと文化と教育を融合させたものであると。オリンピックの求めるものは、人間がいかに生きるかを作りだすところだという。もちろんそれは、スポーツのみで作り出されるものではない。先に述べたように、スポーツと文化と教育を融合させたものである。そして、その人生哲学の根本にあるものが、何であるかを第四は毅然と、まさに姿勢を正して、きっぱりと言う。「スポーツを行うことは人権の一つである」この場で私は強く問いかけたい。我々にとって人権とは何か。人権とは、人間がうまれながらにもっている人間らしく生きる当然の権利である。それは誰によっても阻害されることのない個人の人権である。王権にも、国家にも、親にも、上位意識を持つすべての存在からも、他者のすべての存在から侵すことのできない人間らしさである。人権意識は、日本の歴史にとって古いものではない。江戸時代の封建思想を脱却し、日本が近代化を推し進める中で、芽生えてきた思想である。殊に、日本は敗戦を厳しい自己省察の機会ととらえ、国をみつめ、個人の尊厳を見つめ、多くの改革がなされ、その中で、基本的人権の確立が謳《うた》われてきた。人権意識を強く持つと云うことは、個人の権利を過剰に主張することではない。他者、つまり相手にも人権があるということを相互的に認め合うことだ。そしてそれが相互に違いのあるもの、固有のものであることだ。第一章を受けて云い換えよう。スポーツ・教育・文化との融合によっての人間の生き方の創造的営為は、相互に認め合い、誰からも侵されない権利なのだ。精いっぱい体を動かし、スポーツを楽しむことは神に与えられた権利なのだ。

諸君の人権はある意味で守られてきたと言ってもいい。しかし、明日から君達は守られてきた人から、守る人にならなければならない。

他者の幸福のあり様をつねに心に刻め。他者の人権を守ることが自己の生き方を決定していくのだ。卒業は、愛される人から愛する人に変わる大きな転機でもある。

諸君を愛に包んで来てくれた多くの人に感謝して、新たなる旅に出よ。

人を愛する旅に出よ。オリンピズムを胸に。

第三章　場所や人やモノとの出会いと別れ

大坪秀二先生追悼

昨年一一月一五日、武蔵《むさし》高等学校中学校元校長の大坪秀二《おおつぼひでじ》先生が逝去され、先生のお別れ会が、二月二〇日（土曜日）武蔵学園大講堂で行われた。私が武蔵にいたのは、昭和四七年（一九七二年）四月から五三年三月までである。当時、校長は正田建次郎《しょうだけんじろう》先生。大坪先生は、教頭であった。正田先生は、時々教員会議に出席されたり、山中湖《やまなか》のテニス部の合宿に激励にいらっしゃったりしたが、実質的には、大坪先生が、学校全体を見ていた。新任面接も大坪先生。私は二六歳、先生は四〇代後半であった。同じ時期に着任したのは、亡くなった社会科の岡俊夫《おかとしお》先生である。子供も同じ歳頃で、帰りが所沢《ところざわ》方向だったこともあり、岡ちゃんとは、よく連《つる》んで酒を飲み、遊んだ。

大学紛争も尾を引いていた。岡ちゃんは、気骨のあるバリバリのマルクス主義、私は、情緒的日和見主義の残滓《ざんし》。けんかもよくした。酔っぱらってカウンターの辣韮《らっきょう》を二人で投げ合い店の出入りを差し止めになったこともあった。

二人が教頭に呼ばれたのが何時であったかは忘れた。着任三年後くらいであろう。ほとんど毎日深酒をして学校に行った。八時二〇分からの授業に遅れることも多くあった。呼ばれた瞬間、これはお説教に違いない。何か言われると思った。教師控室だった。いつもなら、碁や将棋を指しているところなのだが、その時は誰もいなかった。軽やかな笑顔だった。柔らかく、先生は短く云った。

「二人とも危なっかしいぞ」

それだけだった。その日の帰りも岡ちゃんと飲んだ。

「今日の教頭、皮肉かな」と私。

その時、岡ちゃん、

「皮と肉の間を切られたんだよ」

そして、その日は黙々と飲んだ。四〇年も前のことだ。岡ちゃんも亡くなった。

「危なっかしいぞ！」

この時の大坪先生の一言は、胸に残った。

その後も、反省することなく、危なっかしい教員生活が続いた。あの言葉で、ギリギリ踏み止《とど》まってここまで来たような気もする。放任主義者でもない。寛容な態度とも違う。もちろん、厳格主義とも、管理運営者とも違う。

「自ら調べ、自ら考える」

これが、武蔵での教員時代畳み込まれた、自立の精神だった。私が出会ったいかなる学者よりも最強の文書読みだった国語科の佐藤秀夫《さとうひでお》先生にも鍛えられた。松井栄一《まついしげかず》先生の指導のもと、今も国語辞典の最高峰である『日本国語大辞典』（小学館）が産声をあげたのも国語科の研究室である。酒と遊びと知的緊張の中で私は鍛えられた。六年間で、私は武蔵を去り、下関の梅光《ばいこう》女学院（現・梅光学院）大学短期大学部に転じた。辞めるかどうか、少し悩んだ。

「所沢に家まで建てて……どうして……武蔵はいいよ……奥さんも出版社の仕事できなくなるよ……」

周囲の声はそんな風に聞こえた。大坪先生だけは違った。きっぱりしていた。

「よかったね。好きな道はいいよ」

あっけない会話だった。何だか自分を引き留めてくれるかもしれないというようなスケベ心があった。それを完全に払拭《ふっしょく》された。その時の先生の目は、教師ではなかった。厳しい物理学者であった。

送別会は、国語科の研究室のソファでビール。畳のあった社会科の研究室で落ち着き、そして江古田《えごた》に繰り出した。一軒目のすし屋までは、先生と一緒だった。教師は互いに譲らぬ論争に酔った。大坪先生の話は、緻密《ちみつ》で大胆であった。それは、武蔵の知的自由の守護者であった。先生は理想の教育を追った。いかなる時代にも武蔵は武蔵らしくあらねばならないと教えた。追憶の写真と音声が、大講堂のスクリーンに浮かび上がっては消えて行く。私の武蔵、最後の年の卒業式の大坪先生の祝辞が流れる。過剰な放埒《ほうらつ》な日々に、毅然《きぜん》たる武蔵の自由への祈念が重なった。

暦の雨水とは程遠い、春を待つ冷たい雨の降る二月の午後であった。

追悼　佐藤泰正先生「文学は人間力だ」

一一月三〇日、少し酔って帰ると、下関時代に同僚であった説話文学研究の泰斗、宮田尚《みやたひさし》先生から留守電が入っていた。

「今日の夕方、佐藤泰正《さとうやすまさ》先生が亡くなった。明日お通夜だそうだ」

先生は、夏目《なつめ》漱石《そうせき》・宮沢賢治《みやざわけんじ》などの近代文学の研究・評論でよく知られるとともに、下関に梅光女学院大学を創設した功労者である。大岡昇平《おおおかしょうへい》・遠藤周作《えんどうしゅうさく》・吉本隆明《よしもとたかあき》らとの深い交遊は、文学評論の歴史に新たなページを残した。下関は、私にとって学問の出発点である。この地で長州の文芸史に出会わなかったら、博士論文「近世大名文芸圏研究」もまったく進展しなかったであろう。そして何よりも、日本の遊郭史で最も古い歴史を持つ下関稲荷《いなり》町《まち》との出会いが、その後の研究を方向づけたといってもいい。

三〇歳代のほぼ一〇年を、私は家族とともに下関で過ごした。先生には御宅が同じ町内であったこともあって、家族ともどもお世話になった。下関時代の私は、放埒に加えて若さがあった。学長であった先生の前で、首をうなだれて、始末書を書いたこともあった。先生の寛容が私を救い、発奮に力を得た。学恩とは違う、人生への恩義のようなものを感じていた。

「命二つの中に活きたる桜かな」

この句を入学式で引用した私の話が週刊誌で話題になったことがあるが、芭蕉のこの句は佐藤先生が入学式で引用するオハコであった。私の話はパクリのようなものだ。今、命二つ、先生と私の間をつないだ細い糸を感じる。

『文学が人生に相渉る時——文学逍遥七五年を語る』(笠間書院　二〇一三年)で、先生は東日本大震災の後の我々に次のように語りかける。

「あの天災、また人災に巻き込まれた人間の命の矛盾とは何でしょう。絶望すれば切りもない。しかしまた希望する力にも限界はない。ならば、この世界の、地上の、一微物として存在する人間の矛盾そのものを、その極限まで問い続けて行くものこそが真の〝文〟というべきでしょう。この課題だけは失わず、今しばらく人生をすごしていきたいものだと念っています」

宗教と文学の狭間《はざま》に先生の研究があった。一六歳の時に出会ったドストエフスキーの『罪と罰』が原点であるとも聞いた。人生の矛盾を直視し、その矛盾に垂直線を立てよと力説した。私にとって忘れがたい一書は、『蕪村と近代詩』である。孤高の輝きを持ち、行間に祈りが立ち上がる評論であった。屹立《きつりつ》した言葉一つ一つが、若い日の私の胸をたたき文学への道を導いたのである。佐藤先生を直接知るだいぶ以前、私が大学二年の時のことだ。一二月一日の朝、新幹線に飛び乗って前夜式（通夜）に参列した。港のそばの小さな教会である。先生の訳した讃美歌《さんびか》がうたわれ、最後の別れがあった。先週の月曜日には、信徒大会の大きな会場で講演をし、土曜日にも講義をしたそうである。座りながら崩れるように亡くなったそうだ。九八歳の誕生日を迎えたばかりであった。

「自由学園に行くことになりました」

「羽仁吉一《はによしかず》先生は同郷だよ。理想のある学校だよ」

電話口での会話が最後になった。帰りの車窓が朝焼けで染まっている。

江戸はおいしい――落語と歌舞伎

四月二日、新宿調理師専門学校で講演。題して、「江戸はおいしいパート1―歌舞伎・落語にみる江戸の食」とした。三月後半は山の家に籠《こも》って、この講義準備にかかり切りだった。これが何とも楽しい。残雪の八ヶ岳《やつがたけ》を仰ぎながら、毎日浴びるように落語を聞き、歌舞伎のビデオもつけっぱなし状態であった。なぜ江戸はおいしいか、といったことが主題。

まず第一に、政治的食の環境。

権力によって生まれた水路・街道による食の集中。米の流通。落語、「幾代餅《いくよもち》」「搗《つき》屋無間《やむげん》」などは、搗き米屋の奉公人の夢を語ったもの。格差社会へのけなげな抵抗とも取れよう。

第二は、野菜流通の自然的食の環境。

昔から葛西《かさい》と練馬には対立感情があったそうだ。「荒川が大水だとか、雨が多いといった気候の年は、練馬の農家の人は、今年は葛西の連中はだめだが、私達の村は大豊作だ」と噂しあったと……。小松菜が豊作であった年は、大根は不作であったというのである。水が出ても、日照りでも江戸の野菜は潤ったのである。又、外国野菜の普及を背景にした落語「唐茄子《とうなす》（かぼちゃ）屋政談」、家庭に常備されるようになった「青菜」（この落語では、青菜がきれたと云うのが話題だが……）からもこのことは読み取れるのではないか。

第三は、江戸湾の豊富なプランクトンによる魚介類。

これにまつわるのは、落語「芝浜《しばはま》」の女房の思い、「シジミ売り」の鼠小僧《ねずみこぞう》のやさしさ、歌舞伎「四谷《よつや》怪談」の隠亡《おんぼう》堀、直助のうなぎ掻《か》きも、江戸前の環境なしに語ることは出来ない。

第四は、単身赴任の多い江戸の外食産業、屋台、煮売り屋などの盛況。「時そば」又、「トォ（コォ）フイゴ（オ）マイリガンモ（ホ）ドキ」と、甲府《こうふ》へお礼参りに行く若い二人を町内のみんなが見送る落語「甲府い」。雪の日、歌舞伎「直侍《なおざむらい》」の熱々の掛け蕎麦《そば》も経済的食の環境が背景と云ってもいい。

そして、五感が四季に触れる食として、落語「目黒のサンマ」「ねぎまの殿様」歌舞伎『髪結い新三《しんざ》』にふれた。江戸がおいしいのは、江戸という土地が生んだ食のう

まさである。この基盤があったからこそ、殿様への笑いが生まれ、髪結い新三の粋《いき》な啖呵《たんか》が生まれたのである。最後に、江戸の食が持つ平等的庶民感覚にも触れた。まとまらない話だったが、こちらは、十二分に楽しんだ。

講演後は料理セミナー。新宿調理師専門学校長上神田《かみかんだ》梅雄《うめお》先生の講義つきで、一汁三菜の夕食が出された。これも季節感たっぷり、満腹の一日であった。

デンマーク余話　アシステンス墓地・キルケゴール

午後八時、コペンハーゲンの五月半ばの太陽はまだ沈まない。西日が、ホテルの部屋いっぱいに入ってきた。陽が沈み始めると私には少し肌寒く感じられるが、デンマークの人たちは、この季節の太陽の光を吸い尽くすかのように半そでである。今日は朝早く、中央駅からバスで約三〇分ほどのアシステンス墓地を訪ねた。この墓地には、デンマークの生んだ多くの著名人の墓がある。キルケゴールの墓地は、その一つだ。

墓地は、緑の中にあった。趣味というほどではないが、東京でも文学散歩の続きのような気分で墓地を訪れる。旅先のフランスでも、アメリカでも文学者の墓地はよく訪ねたが、これほど緑が鮮やかな墓地を見たことがない。墓地の真ん中の道には、長いポプラ並木が続いている。広い墓地で途方にくれていると、犬と散歩をしていた御婦人が、アンデルセンとキルケゴールの墓を案内してくれた。私が墓地を訪ねるのはほとんど発作的で予備知識を持つことはない。しかし墓地には外国でも日本でも必ずと云っていいほど親切な散歩人がいる。

キルケゴールに接したはじめは、大学二年の時の読書会だった。テキストは『死に至る病』だ。私はその時まで、キリスト教はもちろん、宗教についても、真正面から向き合うことはなかった。そして宗教とは、神や仏に対する確信である、「信じるか」「信じないか」その二つの分岐点が信仰の有る無しであると思っていた。キルケゴールとの邂逅《かいこう》はそれを根源的に揺り動かした。

キルケゴールは「不安」と向き合うことが、信仰の原点であることを示唆したのである。「不安を共にすることができるか」「不安を共にすることができないか」。それが、宗教への直視である。このことを教えてくれたのがキルケゴールであった。それはおそらく友情においても、恋愛においても、互いが求め合う感情の原点ではないか。希望のみが互いの愛を育てるのではない。求め合う愛は、希望よりも不安を共有する。それは若さゆえの解釈であったかもしれない。しかし、それ以来、キリスト教は避けることのできない首枷《くびかせ》のようについてまわった。

キルケゴールは、デンマークの国民精神の背骨になったと云う。誇りとは、声高なものではない。小さくも強い不安な声の共有である。世界で一番幸福な国と云われるデンマークにはやさしい不安の共有があるのかもしれない。

墓の周りには、リンゴの白い花が咲き誇っていた。北国生まれの私にとって、この花はふるさとそのものである。

刀・吉原・新渡戸稲造

江戸時代、吉原《よしわら》では、武士が刀を持って廓《くるわ》に入ることが禁止されていた。持ってきた刀は入口の茶屋に預けるのがルールである。多くの廓でもこのルールは守られていた。刀は武士の魂であるとも云う。廓は喧嘩《けんか》の多い危険なところでもある。何故そんな大切なものを自分の手から放したのか。それは武士であることが、吉原では誇りにならなかったからだ。権力を振りかざすことは、もっとも野暮《やぼ》だったのだ。野暮というのは、心が洗練されていないことだ。野暮のことを瓦智《がち》とも云う。瓦《かわら》のように固くて柔軟性がないという意味だ。野暮は女性から、殊に遊女たちから嫌われた。「籠釣《かごつる》瓶花街酔醒《べさとのえいざめ》」などは、客が隠し持っていた刀を振り回して暴れた歌舞伎だが、これは愚の骨頂、男は田舎大尽《だいじん》、極め付きの野暮であった。士農工商の制度を強調するのは、行き過ぎの解釈となることもあるが、江戸時代は封建社会である。厳しい制度的制約があったことは事実だ。町を歩けば、すれ違う人は互いに上下関係を意識した。農民は農民らしい風采《ふうさい》。職人は小ざっぱり。商人は腰を低くして道を武士に譲った。金銭のみが物を云ういささか変形した土壌だが、世間の階級社会と異なった世界が遊郭にあった。遊里文化は、遊郭という限定的な場所によって作られたものであり、〝遊び〟は、階級を超えた文化だった。遊女はあこがれの対象にもなり、最下層に位置し悲しい人生を歩み、被差別者であった遊女のファッションが、町の娘達を虜《とりこ》にしたこともあった。江戸時代、お姫様の好みが庶民に流行するなどと云うことは聞いたことがない。大金持ちの娘達の趣味が世間に広まった話も聞かない。力を持っているなどと云うことは、男にとって洒落《しゃれ》ていないのだ。しゃれ、というのは、水にさらす、日にさらすなどと同じ意味だ。不要なもの、又、目立つようなものは持たない、派手なものを持たない、新しいものは持たないというのが、洒落た男なのだ。男は派手な格好をしてはいけない。あくまで地味であることが粋である。着物の色も黒か茶。黄色、赤などは考えられない。少し派手な模様は裏地であった。日本の文化では、武器を持つことを恥ずかしいと感じたのだ。鉄砲を作る高い先進的技術を持ちながらも、江戸時代には、鉄砲は武器として使われることはなかった。飛び道具を使うのは卑怯者《ひきょう》であった。火縄銃が携帯に不便だったこともある。民衆の抵抗を抑えるための刀狩の徹底もあったであろうが、三〇〇年という世界史的に見ても異例の長さを平和に暮らしていた江戸時代の人々にとって、武器は不要だったのである。

刀を持つことは野暮、鉄砲を持つことは卑怯であった。刀はアクセサリーであった。一度も使われていない刀が、美しい名刀として珍重化され、美術品となったのだ。

刀を抜かず相手を屈服させることが最高の武士道である。

そう記しているのは、世界でもっとも多く日本語訳されている新渡戸稲造の『武士道』だ。吉原で刀を持たないことは、男のダンディズムでもある。吉原は、酸鼻《さんび》きわまる女性の歴史だ。悲惨な犠牲の上に築かれた歴史を忘れてはならない。そして吉原に武器を嫌う日本文化の感性が息づいていたことも記憶されていい。新渡戸稲造が、太平洋戦争回避の国際平和に貢献したことは云うまでもない。彼は粋な男であった。日本人は武器を持たぬことを誇りとした。そのことを今こそ忘れてはなるまい。

映画『はじめてのおもてなし』

映画好きの妻に「これは必見よ」と勧められた。ドイツのミュンヘンを舞台とした『はじめてのおもてなし』。今年最後のゼミの時間に、この映画の話にふれたら、三日後にはゼミ生が揃ってこの映画を見に行った。東京が四八年ぶりの寒波に見舞われた日だ。妻にも学生にも先を越されたような気がして、雪道に危うく転げそうになりながら銀座の映画館に行った。それは忘れられない光景だった。

二〇一五年九月三日。トルコの浜辺に、ギリシャに向かったシリア難民の三歳の男の子の死体が打ち上げられ、波間に揺れた赤いシャツの写真が世界を駆けめぐった。船に一緒に乗っていた兄も母親も亡くなった。

悲惨な報道は相次いだ。アウトバーンを放浪し歩き続ける多くの難民。ハンガリー政府は難民受け入れを拒否しブダペスト駅を封鎖した。渦中の九月四日夜。ドイツのメルケル首相は、ブタペスト駅に取り置かれた難民をドイツが受け入れると宣言した。そして九月五日、ミュンヘン中央駅では、難民たちの乗った列車が駅に到着するや歓迎の大喝采がわき上がった。〝駅での大歓迎〟だ。この年ドイツは四五万人以上の難民を迎え入れた。

この映画の制作が始まったのは、一五年春。所謂《いわゆる》〝駅での大歓迎〟より以前のことだ。封切られたのは、一六年一一月。ドイツの町に多くの難民収容施設が造られた頃だ。歓迎の一方で、国民の中には難民へのテロ疑惑が広がり、日常の破壊を恐れた者も多くあった。場所は、ミュンヘンの高級住宅街のハートマン家。引退を勧められながら、若さにしがみつく医師リヒャルト。妻アンゲリカは元教師。長男フィリップは仕事一筋で妻に逃げられた弁護士。フィリップの一二歳の息子、孫のバスティは勉強そっちのけでラップとゲームに夢中。長女ゾフィは三一歳になっているが未《いま》だ大学生。この家族に、アンゲリカがディアロというナイジェリアからの難民を連れて来る。人物は戯画化され、ドイツ富裕層の典型のように見える。あまりにありふれた家族構成にドラマを感じさせるものはない。しかし、話の展開の中で、観客は、そのありふれた家族の中に自分を投影していく。如何《いか》にもありそうな状景に自分を劇中化する。

素朴な寛容さが生む悲喜劇が進んでいく。ストレスがたまり部下に八つ当たりするリヒャルト、その若返り作戦はことごとく失敗、笑いを呼ぶ。ディアロと一緒に庭作りをするアンゲリカもその友人の大げさな歓迎ぶりも笑いを呼ぶ。仕事に遅れまいと空港で税関と揉《も》み合うシーンも笑いだ。大人ぶってストリッパーを出演させるビデオをつくる少年達もストーカーに追い回される大学生もおかしい。難民歓迎のパーティーも、極右の難民排斥デモも笑えるのだ。ディアロを迎えた結果家族は崩壊寸前になる。その崩壊もコミカルだ。何度も映画館は笑いの渦に巻き込まれる。

隙間を埋めるような笑いに包まれながらも、観客は今現実に進行している難民問題が笑えぬことであることを知っている。退学処分を迫られたバスティを救うのは、それまで過去を語らなかったディアロが、バスティの学校で語った〈過去〉だ。壊れた家族を救うのは、やはりディアロだ。先進国が抱える孤独を救ったのだ。家族とは何かを気付かせてくれたのが難民ディアロの存在だった。救いの手を差し伸べたはずのドイツの家族が、救われた手から救われたのだ。

何度も笑った。そして映画が終わる時には涙が頬を少し濡《ぬ》らした。銀座の町の夕暮れ、心が今まで味わったことのなかったように揺れた。軽く深く……。日本でこんな映画が出来るだろうか。この映画のドイツでの観客動員数は四〇〇万を超えたそうだ。

ドイツと云う国の上質の文化を思った。

表札は自分でかける

伊豆《いず》にあるキリスト教の研修施設、天城山荘《あまぎさんそう》での自由学園の女子部高等科二年生の修養会に参加した。どんな話をしようか迷ったが、自由の意味をもう一度問うてみたいと思った。明治時代、自由と云う言葉が、一時流行語のように使われた時代があった。自由民権運動前後と云うべき時代だ。明治七年（一八七四年）の民撰《みんせん》議院設立建白書の頃から始まって、明治二三年（九〇年）の帝国憲法による総選挙頃までの時代である。

学園の創設者羽仁もと子が生まれたのは、明治六年（七三年）、上京したのが明治二二年（八九年）、明治女学校に入学したのは明治二四年（九一年）である。自由と云う言葉と共に羽仁もと子は育ったのである。羽仁もと子の青春時代、つまりこの修養会に参加している君たちと同じ頃に自由と云う言葉に大きな憧《あこが》れを持っていたことはたしかなのである。当時の自由と云う言葉の持つ意味をもっともよく象徴しているのは、自由と対の言葉で使われた、〝自主〟である。自立と同じ意味である。自主と自由は、ほとんど区別なく使われたのである。自主・自立なくして自由は成り立たないのである。自由民権運動が、藩閥政府の言いなりになる事からの解放を目指し、自分たちのことは自分たちで決めると云う強い意志に基づいていることを考えればよく理解出来るであろう。

今日、修養会に参加する前に、詩人の石垣《いしがき》りんの、文学記念室のある南《みなみ》伊豆町を訪ねようと思ったが、残念ながら工事中であった。伊豆は石垣りんにとって大切な思い出の場所であり、彼女のお墓もある。りんの詩の中ではもっとも有名なものかもしれない。

表札

石垣りん

自分の住むところには
自分で表札を出すにかぎる。

自分の寝泊りする場所に
他人がかけてくれる表札は
いつもろくなことはない。

病院へ入院したら
病室の名札には石垣りん様と
様が付いた。

旅館に泊っても
部屋の外に名前は出ないが
やがて焼場の罐《かま》にはいると
とじた扉の上に
石垣りん殿と札が下がるだろう
そのとき私がこばめるか？

様も
殿も
付いてはいけない、

自分の住む所には

自分の手で表札をかけるに限る。

精神の在り場所も
ハタから表札をかけられてはならない
石垣りん
それでよい。

私はこの詩ほど羽仁もと子にふさわしい詩はないのではないかと思う。おそらく羽仁もと子は、世間でよくあるように、羽仁吉一という表札の隣に、もと子と書かれることをこばんだのであろう。また本人がその意志を強く持たなくても、彼女の思想を継承した者たちは、つまりわれわれは、「羽仁もと子」それでいいと考えたのである。

ここで云う表札は、家の前にかける表札だけを意味しているのではない。自分の胸にしっかりとつける表札である。羽仁もと子は、書くと云う行為によって自立を求めた。書くと云う行為は、孤独であり、誰の助けも得ることのできないものである。多くの取材協力があったとしても、書く行為は絶対孤独である。そしてその絶対的孤独の行為の中で、多くの他者と結びつきたいと考えるのが書くと云う行為なのである。

つまり、孤独が生んだ関係性とでも云い得るであろう。きりきりと追い求めるような孤独の中で、他者のことを考える。羽仁もと子が、日本で初めての女性ジャーナリストとして喧伝されるのも、その後の生き方の中で、〝自立〟を求め、〝自由〟を勝ち取る教育を実践したからである。そしてもう一つ詩を紹介したい。八木重吉の詩である。

素朴な琴　　八木重吉

この明るさのなかへ
ひとつの素朴な琴をおけば
秋の美くしさに耐へかね
琴はしづかに鳴りいだすだらう

八木重吉の死後に刊行された詩集『貧しき信徒』に所収のものだ。ここに思想も哲学も入る余地がない。そこが石垣りんの詩とは異なる処だ。「この」という一言で、秋の日の美しさがしみいるように私たちの胸を打つだけなのだ。その秋の中に置かれる琴は、高級なものではない、平安朝の物語に語り継がれたような伝説的な琴でもない。平凡な生き方の中で素朴に正しさを追い求める人の心のような琴なのだ。さびしいがゆえに優しくなれる深い自立と云ってもいい。それが、秋の美しさに呼応した時鳴りいだすのだ。秋の美しさは、心の奥にひそやかに、たしかに波打つ鼓動にささやきかける。一緒にと素朴な琴に……。素朴な琴が鳴りいだす。音楽のもつ飛翔は、境界を越える。孤独ははじめて共鳴の力を持つのだ。ひたむきな正直さは、「おけば」という仮定法を伴いながらも確信の如くに生まれていくのだ。素朴な琴に重なるのは、八戸方言丸出しの丸い顔の羽仁もと子だ。

岡見京子、初の女性医学博士

岡見《おかみ》京子《けいこ》は、日本が近代への歩みを始めようとしていた明治時代のはじめ、女子医学留学生第一号として渡米、日本では、女性として初の医学博士となった人物である。彼女のことを、『東京人』二〇二〇年一〇月号の赤坂《あかさか》関連の連載記事で書いた。昨今、女性医師となることを希望している受験生への差別的な入試が問題化されている。『東京人』の原稿では触れ得なかったこともあるので少し書き加えることにした。岡見（旧姓西田）京子は、安政六年（一八五九年）青森県で生まれた。慶応《けいおう》三年（六七年）、英国人相手の貿易商の父とともに江戸の京橋《きょうばし》近くに移り住んだ。京子九歳の時であった。明治六年（七三年）、アメリカの伝道師ブライアンらによって創設されたキリスト教のミッションスクール横浜共立女学校に入学。この学校のキリスト教育の中で、京子は洗礼をうけ、その後熱心なクリスチャンとして生活を送った。又、ここで終生の熱い師友関係を結ぶことになるミセス・ツルーとの出会いがあった。後年（明治二六年）、二人は新宿、角筈《つのはず》に日本最初の看護婦学校設立に奔走することになる。明治一七年、二五歳の時、頌栄《しようえい》女学校の美術教師であった岡見千吉郎と結婚、熱心なクリスチャンであった岡見の影響を強く受け、貧民伝道に心を寄せる。結婚一か月後、岡見は新渡戸稲造とともに渡米、留学、そして岡見を追うように彼女も、フィラデルフィア州ペンシルバニア女子医科大に入学する。信仰に支えられた若き夫婦の強い意志の決断であった。

この頃の、岡見京子の印象を、同地での生活を全面的に援助した、富豪ウイスターモリス夫人は、彼女の優秀さと日本の女子教育への疑問を次のように語っている。

「嘗て、日本の御婦人が私の宅を訪はれましたから、其目的を伺《うかゞ》ひますに、医学研究の為と申されました、其容躰《そのようたい》を見るに、顔色青く躰瘠《たいやせ》て気力なく、かゝる人が学問の研究特《こと》に学問の中でも難渋《なんじゆう》なる医学を研究するは大なる誤《あやまり》にて、到底むつかしき事と思ひました。然し四年を経《へ》て見ました時には、全く変つて、顔色も充分《じゆうぶん》に紅《あか》みを保《たも》ち、肉つき、実に壮健《そうけん》なる人となり、学問も進歩致しました。是に依《よ》つて思ひまするに、日本女子の身体《しんたい》の孱弱《せんにやく》なるは、教育発達の方法其宜《そのよろ》しきを得《え》ざるが為にして、決して素《もと》より弱きには非《あら》ざる事と信じます」(『女学雑誌』明治二三年五月二四日)

また、当時留学生として一緒だった、シリア・インドの留学生と写った写真が残されている。シリアのその後の女性医師の活躍について知りえなかったが、インドの新聞『タイムズ・オブ・インディアン』によれば、インドの医学生で女性の占める割合は、現在、六〇パーセント、パキスタンでは七〇パーセントだそうだ。日本では、いまだ女性医師の占める割合は、三〇パーセント前後。岡見京子の努力は無視されたといっても過言ではない。やせっぽちでひ弱な京子はたくましく成長し見事に卒業、医師免許を得、四年後に帰国し、東京慈恵《じけい》医院婦人科主任となった。しかし彼女はこの職場を三年間で離れている。その理由は、病院への天皇(皇后とも……)行幸の際、女性であるがゆえに拝謁を遠慮するようにと云われたことに憤慨したことによるそうだ。又、熱心なキリスト教徒であることが周囲のナショナリズムによって排斥されることにつながったのかもしれないなどとも云われている。

おそらく、米国の民主主義的教育を受けた彼女にとって、耐えがたい働く女性差別の因襲が日本に根強く残っていたのであろう。彼女はその後、新宿に結核療養施設衛生園（赤坂病院分院）を建設するなど、明治の医療改革に大きな足跡を残す。衛生園は、看護婦学校の実習校となるべきものであり、女性が病院を退院後、家へ帰り家事育児などにとらわれ、ゆっくりと静養できず、結果的には病勢の悪化を招いてしまうことが多かったために作られたものだ。当局はこれに最初正式な認可を下さなかった。当時の（現代でも通じるであろう）女性労働に対する無理解の根深さを示すものでもある。ここにも岡見の先進的な活動を知ることが出来るであろう。その後彼女は女子学院・頌栄女子学院などで教鞭《きょうべん》をとり、キリスト教育と女子教育に貢献し、昭和一六年に八二歳で亡くなっている。

よく知られているように、男女平等ランキングで日本は、二〇一五年以降、順位を下げ一七年は、一一四位だ。これは三五歳未満の女性医師の数が減少していることとも関係する。江戸時代の女性の識字率は、おそらく世界トップクラスであったと云われている。江戸時代の女性の知的遺産を生かしきれなかったのが近代である。明治の開拓精神を持った女性たちの歩みが富国強兵の名のもとに止まったのは、何故なのか。

なぜ今も続くのか。考えなければならない大きな人権問題である。

詩人・茨木のり子異聞

九月に入ってから、野田秀樹《のだひでき》演出の『贋作　桜の森の満開の下』とマキノノゾミ演出の『蜜柑とユウウツ　茨木《いばらぎ》のり子《こ》異聞』を観た。『贋作　桜の森の満開の下』は、相変わらずの満席、大変な人気であった。平成元年に初演され、今までに、歌舞伎も含めて四回再演されている。フランスでも公演が決まっているそうだから、日本の現代劇を代表するものであることはたしかだ。舞台展開も見事なもの。配役も豪華でチケット代金も高価だ。学生に見せたいと思うがちょっと高すぎる。観客も、初演当時からの野田ファンが大部分という感じである。テンポのいい芝居でギャグも笑わせるのだが、一八年前なら受けるであろうと云うものも多い。観客動員も含めて、新たな企画意図が必要なのではないか。面白く観たのだが、満開の桜の霊気のようなものは感じられなかった。少し手の届かないところに芝居が行ってしまったような気がした。致し方のないことかも知れないが夢の遊眠社の小劇場の肌ざわりが消えていくようだった。大衆から離れた古典になってはなるまい。

観劇の前の日に、原作となっている坂口安吾《さかぐちあんご》の『桜の森の満開の下』を一気に読んだ。安吾はこの作品の背景を、三月の東京大空襲の死者を集めて上野《うえの》の山で焼いた時、折から桜が満開で、人けのない森を風だけが吹き抜け、「逃げ出したくなるような静寂が張りつめていた」と記している。山のすべてが自分のものだと思っていた山賊にとって、桜の森の下だけは恐怖に満ちたもの、満開の時にここを通れば心に変化が生じるのだ。生首をならべる美女、鬼への変身。美しくもグロテスクな作品だ。虚空そして孤独、それが本質なのだと迫って来る恐ろしさがある。

観劇の途中、降って湧いたように、東日本大震災の二年後の春に、原発事故の跡地をめぐるために、広野《ひろの》から南相馬《みなみそうま》へとタクシーを走らせたことを思い出した。震災前花見客でにぎわった常磐線夜ノ森駅の周辺を通った時だ。タクシーの運転手さんの「窓を開けないでください。放射能が入りますからね」という制止を聞きながら、タクシーをしばらく止めた。満開の桜の花びらが実に静かにアスファルトの道に降りそそいだ。こんな静かな日にどうして花が散るのだろう。「久方の光のどけき春の日にしづ心なく花の散るらむ」(『古今集』紀友則《きのとものり》)の歌が浮かぶ。霊気を感じた。散る桜は鬼の流す涙なのだ。舞台で舞い散る桜が涙を流している。敗戦直後の上野の桜と同じように、私の中から東日本大震災原発事故直後の夜ノ森の桜も消えかかっているのだ。『贋作　桜の森の満開の下』は、観客に覚醒《かくせい》を求めているのかもしれない。虚無の世界に引きずり込みながら……。『蜜柑とユウウツ　茨木のり子異聞』を観る前の晩も茨木のり子の詩集を読んだ。装飾を拒否したような簡略な言葉は、私に語りかけてくる。観劇の日の朝、自由学園で礼拝を担当したので、茨木のり子の詩を紹介した。

自分の感受性くらい

茨木のり子

ぱさぱさに乾いてゆく心を
ひとのせいにはするな
みずから水やりを怠っておいて
気難かしくなってきたのを
友人のせいにはするな
しなやかさを失ったのはどちらなのか
苛立つのを
近親のせいにはするな
なにもかも下手だったのはわたくし
初心消えかかるのを

暮しのせいにはするな
そもそもが　ひよわな志にすぎなかった
駄目なことの一切を
時代のせいにはするな
わずかに光る尊厳の放棄
自分の感受性くらい
自分で守れ
ばかものよ

自由学園では、体操会が近づいている。その練習に学生も生徒も児童も一所懸命である。体操会はもちろん日ごろの研磨の発表の機会である。しかし、他の学校の運動会や体育祭とははっきりと一線を画している。ここに競争という概念が入り込む余地はない。体操会は、感性のハーモニーである。協力から生まれる感受性のハーモニーがなければ、自由学園の体操会は成り立たない。日常以上に相手の気持ちに寄り添わなければ体操会の意味はない。「忙しいなどとは絶対言うな」。忙しいと云う字は、心を亡くすることを意味しているのだ。時間に追われ、怒りがこみ上げたり、友達に何か嫌みの一つでも云いたくなった時こそ、野の花の美しさに微笑みかけ、そのかぐわしさに目を閉じろ。焦燥の時こそ「感受性」を磨け、そんな話をした。

『蜜柑とユウウツ　茨木のり子異聞』の舞台は一幕だ。横広がりの長い舞台だ。東伏《ひがしふし》見《み》の茨木のり子の自宅の書斎を舞台にしたもの。効果音が実にいい。近くの小学校の子どもたちの声、チャイムの音。かすかに聞こえる西武新宿線の線路の音。生活感をにじみ出しながら、茨木のり子の一生を冥界《めいかい》からやって来た人物たちと追って行く。この芝居も大評判で、二〇一五年の初演以来、何度か全国ツアーなどもあった。今回は「グループる・ぱる」のさよなら公演だそうだ。息のあったいい芝居だった。劇中で語られる詩が心にしみた。

倚《よ》りかからず
茨木のり子

もはや
できあいの思想には倚りかかりたくない
もはや
できあいの宗教には倚りかかりたくない
もはや

できあいの学問には倚りかかりたくない
もはや
いかなる権威にも倚りかかりたくはない
ながく生きて
心底学んだのはそれぐらい
じぶんの耳目
じぶんの二本足のみで立っていて
なに不都合のことやある
倚りかかるとすれば
それは
椅子の背もたれだけ

帰宅して、この詩を調べたら、作者が私と同じ七三歳の時のものだった。戦後七三年、敗戦の悲しみと引き換えに手にした平和も憲法も変わろうとしている。二つの芝居が語りかけているものは同じものだ。過去は未来への道しるべなのだ。変わらぬ理想への希求こそが世の中を変えるのだ。

五箇山コレラ病死者の石碑

早朝五時半に家を出た。目的は、五箇山《ごかやま》の「コレラ病死者の石碑」。住所は南砺市《なんと》田向大平《たむかいおおひら》だが、五箇山と云った方が通りがいい。新高岡《たかおか》から、白川《しらかわ》行きの高速バスが便利。以前は高岡から城端《じょうはな》まで城端線。城端で五箇山行きのバスに乗った。今回は高速バスのおかげで午前中に五箇山に着いた。むろんコレラ石碑まで勝手に行くわけにはいかない。ガイドの方との待ち合わせ時間は午後三時。しばらく時間があったので、南砺市立平図書館へ行く。五箇山を中心とする郷土資料の収集に定評のあるところだ。

全国に、江戸時代の末期の安政期から明治二〇年代末に至るまでコレラに関する「慰霊」「顕彰」「祈願」「記念」などを目的とした石碑史料は、五七基ほどになるそうだ。（藤本一雄『地域安全学会梗概集 №.47』二〇二〇）この中で、流刑者が先導しコレラ患者の慰霊の碑を作った例はない。流刑者の名前は、篠田余太夫《しのだよだゆう》。加賀《かが》藩士である。加賀藩の文書などを整理し五箇山の歴史を記した『田向の里』（佐渡進一著　平成三年私家版　誠文社）掲載の「田向村流刑人一覧」によれば、流刑となったのは、文政《ぶんせい》一三年（一八三〇年）九月二〇日、赦免されたのは安政五年（五八年）一一月一〇日、二八年間は五箇山への流刑人としては最長の期間だ。肩書に注記して「定番御徒」とある。比較的地位の安定した加賀藩士であったようだ。一覧によれば「与力」「料理人」など肩書のある武士が多い。おそらく彼は、盗みなどではなく〝政治犯〟としての流刑であろう。バス停のある上梨《かみなし》集落から、庄川《しょうがわ》を渡り右岸、田向地区へ。今は簡単に渡れるがこの激流が左岸の上梨地区との隔絶をもたらしたのだ。右手の小高い傾斜地に流人小屋がある。上ると住吉神社の境内に「天保義民之碑」があった。天保四年（一八三三年）から九年にわたる加賀藩における苛酷な税の徴収への農民一揆《いっき》事件の顚末《てんまつ》を記す。天保九年減免越訴《おっそ》に立ち上がった農民の多くは金沢で獄死、その外の一一三名は家族共々九年間五箇山に流刑された。勝海舟《かっかいしゅう》はこの一揆を義挙と呼び共感しこの碑文の題字を記している。苦難の歴史であったことは事実であろう。又一方でこの里に流人へのあたたかな交流があったことも事実だ。五箇山でもっとも古い国指定重要文化財羽馬《はば》家住宅から河岸へ降りると、庄川の支流湯谷《ゆだに》川小水力発電所の裏手に碑があった。橋のかかるまでは猪谷《いのたに》集落への往来道の傍の位置にあったそうだ。

天保七年（三六年）から八年にかけて、三〇戸ばかりのこの集落において一二〇名ほどがコレラの犠牲者になった。その慰霊に村人を善導、献身したのが篠田余太夫である。石碑正面には、「南無阿弥陀仏《なむあみだぶつ》」の名号、左の側面には、「天保八年、疫病にて死者百二十有人あり、此の菩提《ぼだい》を弔うため石碑を造立する」旨が記されている。そして右の側面には、「嘉永元年四月、施主篠田余太夫、せわ人作助」と刻銘がある。せわ人作助は、この村の人にちがいない。嘉永二年の文書「篠田余太夫殿御小屋御修覆図り書帳」に、村人たちからは篠田余太夫の小屋を修復したいとの願書が提出された旨が記されている。余太夫がこの地を去ったのは、この碑を建立した嘉永元年（四八年）から一〇年後のことだ。天保の義民と呼ばれる人たちも共にコレラと戦っていたであろうことも忘れてはなるまい。

ガイドの婦人が、持参の線香を手向けた。村人たちは今に至るまで鎮魂への思いを忘れることはない。立ち上る煙が紅葉に映える山並みに消えた。何故、流人が、率先してこの碑を作ったのであろう。流人と云って特別視すること自体が問題なのかもしれない。流人は共同体の一員としての役割を明確に有していたともいえよう。余太夫がおそらく政治犯であったことも関連するかもしれない。加賀藩の政治方針に反発していたとしたら、村人の尊敬を集めるような正義心を有していたに違いない。差別を超える寛容さが、村人の中にあったのだ。共に生きる厳しい自然環境が慰霊というやさしさを育《はぐく》んだのだ。

以前、私は、金沢の遊女であった「お小夜《さよ》」という女性が、流人となりこの五箇山に流され、寺子屋で子供たちに手習いを教え、村の男と恋に陥り池に身を投げたという伝承が、今も人々の間で語り継がれ民謡に歌われていることを、「流人遊女「さよ」―能登門前・加賀五箇山」(『江戸遊女紀聞―売女とは呼ばせない』ゆまに書房所収)に記したことがある。背景にあったのは、この地の持つ宗教共同体としてのやさしさである。五箇山の各所に見られる念仏の教えが、この「コレラ病死者の石碑」にも通じているのではないだろうか。人為的にも自然的にも厳しい環境であるがゆえに生まれるやさしさがあるような気がしてならない。身を寄せ合うことの大切さをこの石碑は教えているのだ。

帰りの最終バスは既に出発していた。国道筋の宿の玄関に立つと、宿のおかみさんが、私の額に体温計を当てた。

「三六度四分です。お上がりください」とのこと。

ちょっと意地悪く、

「ここで三七度以上だったらどうするんですか。最終バスも出て……」

と聞くと、ちょっと困ったような顔をして、

「帰ってもらいますよ。今までそんな人はいませんがね」

山菜満載の料理で少し酔った。赤カブの漬物と硬い湯豆腐が絶品。外に出ると十六夜《いざよい》の月が出ていた。

翌朝はこまかな雨。朝霧が立ち上がり山肌の紅葉が薄い白絹をまとっていた。

第四章　今、本当のやさしさが求められている

新得共働学舎という故郷

新得《しんとく》共働学舎は、私に大切な優しいぬくもりを届けてくれるサンタクロースの故郷だ。新得へは二年ぶり、二度目の訪問だ。朝早く車で帯広《おびひろ》駅を出発。少し風が出てきたようだ。畑の上の雪がパウダーのように空に舞っている。白樺《しらかば》林の向こうの青空にポッカリ白い雲が浮かぶ。まさにこれこそ〝十勝《とかち》晴れ〟。白い子豚に似ている。幼い頃、よく空を見上げては雲がどんな動物に似ているかを考えた。

「あ！　オジロワシだ」と運転を頼んだ十勝育ちのT君。鳥は足に何かを捕まえている。一瞬の滑空、鮮やかに白い尾が見えた。北は大雪《たいせつ》連峰、西は日高《ひだか》山脈、南東には十勝平野が広がる。ここは北海道のど真ん中だ。

新得駅から車で約一〇〇分。山裾《やますそ》に抱かれた陽だまりに共働学舎の建物が並んでいる。

新得共働学舎は、二〇一八年六月に四〇周年を迎えた。ここでは約六〇名の人が、苦楽を共にして生活しているが、その半数は障がいや過去に問題を抱えた人たちだ。代表宮嶋望さんは、著書の『みんな、神様をつれてやってきた』（地湧社）で、学舎に身を寄せた人たちを、メッセンジャーと呼び、「彼らを追い詰めた原因を探っているうちに、この社会のゆがみが見えてくる。さらに彼らの望みがかなえられるよう試行錯誤しているうちに、今度はゆがみを解決するためのヒントが出てくる。つまり彼らこそ、世の中が解決できなかった問題が何なのか、その問題をどうやって解決したらいいかを指し示してくれる」と記している。

共に生きるとは如何《いか》なることなのか。強者が他者を押しのけて成功者と呼ばれる、そんな近代社会は、大きな落とし穴に入り、「いのちの花」を朽ちさせている。本当のやさしさとは何か。山並みが、神々のごとくこの里を見つめる。

学舎の人たちと一緒に昼食。二年前訪れた時にお会いした顔もあった。彼はサリドマイド被害のため両手を失い、足で食事をする。朝早く干し草を積み、パソコンも上手に使いこなす。宮嶋さんは、彼を迎え入れた学舎について、「周りは最初、彼のことを何もできずに気の毒だという目で見ていたかもしれない。しかし、何もできないどころか、五体満足の自分以上にきちんと仕事をやっている。そうしてあらためて自分を見たときに、これまでとは違う自分の姿が見えてきたはずだ。自分は不遇だ、恵まれない。そんな思いにとどまっていた者たちが、そこにとどまることができなくなった。そのとき、彼らは自身で新たな一歩を踏み出したのだと思う」（前掲書）と記している。

「覚えていますか」と私。

「覚えていますよ」と満面の笑みが私を抱きしめた。

悲しみを乗り越えたかけがえない一人一人の人生が、私たちに勇気と希望を与える。

「零下一〇度くらいかな、しばれるね。滑るから気を付けてね」と声がした。大きなガラス窓にサンサンと太陽を浴びる宿舎兼作業場や農場を見学。案内は、自由学園出身だ。お子さん三人も自由学園出身者だ。一人は昨年の卒業研究で新得共働学舎の歴史のアーカイブ化を発表、反響も大きかった。親牛がゆったり寝そべり、生まれたばかりの子牛が甘えるように啼《な》いている。世界の品評会で多くの賞を獲得したチーズの熟成庫、自然流下でミルクにやさしい工房。徹底した自然との一体化が生んだチーズだ。ミンタルと呼ばれるお洒落《しゃれ》なカフェ・ショップで、アルプスの少女ハイジにおじいさんが食べさせたというラクレットをいただく。ジャガイモの上に熱くとろけたチーズが、のどにとろけていく。米国の世界大会で世界が認めた味だ。これは孫に自慢話が出来そうだ。

予定していた時間を過ぎ大慌てで隣町の十勝牧場の白樺並木に向かう。NHK朝の連続テレビ小説「マッサン」最終回、マッサンとエリーが手を取り合って駆け抜けた林だ。長さ一・三キロ、五〇〇本以上の白樺林だ。キシキシと靴音を立てながら歩く。北国の日暮れは早い。白樺林の上の白い子豚の雲がピンク色に変わった。

「夕暮れに間に合うかな。急ぎましょう」と十勝が丘展望台へ。

細い三日月が出てきた。日高山脈の稜線《りょうせん》の上の残光が赤い、その上にうっすらとしたピンク、そしてサンセットブルーの空が広がる。時を刻みこむような大河の滔々《とうとう》とした流れが今日の日を惜しむかのように眼下で光っている。ピンクの子豚は漆黒の闇で眠りについたようだ。

気ぜわしく宿に荷物を置き、ばんえい競馬に行く。もちろん初めての経験、ナイターの光に、体重一トンを超す馬体が白い息を吐き鉄そりを引き驀進《ばくしん》する。北海道開拓の辛苦を乗り越えた人馬一体の物語が彷彿《ほうふつ》とする。馬券はビギナーズラックで見事に的中。勢い付いて、夜は屋台村へ。昭和のノスタルジアが漂う。アイヌ料理の屋台へ。アイヌの神々や先祖の贈り物として儀式用に使う濁り酒「カムイトノト」で乾杯。ひえと米麴《こめこうじ》で醸造したもの。ちょっと酸味のある軽い味わいだ。「ポネハウ」は、豚骨をじっくり四時間ほど野菜と一緒に煮込んだスープ。祖母が風邪を引くと決まって作ってくれた三平汁の鮭を豚骨に変えたような味だ。「カムイトノト」でほろ酔い気分、夢で赤い子豚の雲が浮かんでは消えた。

翌日は、緑ヶ丘公園の帯広百年記念館へ。明治一六年に入植してから一〇〇年になる昭和五七年（一九八二年）に造られた。郷土学習の拠点だ。大きなマンモスがお出迎え。先住のアイヌの人々への畏敬《いけい》が浮かぶ。自然との共生をこの地は育《はぐく》んだ。馬橇《ばそり》の前で、明治三九年、帯広監獄の受刑者にキリスト教伝道にやってきた坂本直寛《なおひろ》を思う。坂本直寛は、叔父《おじ》坂本龍馬の北海道開拓の夢を引き継いだ人物。馬車に鞭《むち》うって狩勝峠《かりかちとうげ》を越えて来たのだ。当時の監獄の囚人の多くは、旧幕府の保守主義者であり、自由民権を叫んだ人々であった。職員を含む監獄関係者は、約一五〇〇人、一般住民の二倍を超えた。受刑者らの手によって原始林は切り開かれたのだ。広大な公園の一角には、赤いレンガの「監獄石油庫」がある。帯広で現存する最古の建造物。当時最先端のフランス積み工法。レンガは囚人が獄内の工場で焼いたもの、十字の葉型の刻印があるそうだ。

日の暮れに急《せ》かされながら空港へ。旧駅舎が残る愛国《あいこく》駅から幸福《こうふく》駅へ。思いのこもった幸せへの切符が駅舎に所狭しと張られていた。ふんわり浮かんだ子豚がキューピッドに変わった。

冬の十勝は何処よりもあたたかな命の花の咲くところだ。

云わない教え

江戸時代、長屋に暮らす人々には一つの約束事があったそうだ。杉浦日向子《すぎうらひなこ》さんの随筆に出ていたと思うのだが、はっきりしない。その随筆のもとになった出典もはっきりしない。江戸時代の話というよりも、私の中でイメージ化された〝私の江戸時代〟の話だ。

長屋に一人の女性が引っ越してきた。その時、こんな声をかけてはいけませんと云う約束だ。

「お前さん。どこから来たの」

「お前さん。おっかさんは元気かい」

「お前さん。どこで働いているの」

女性が一人で引っ越ししてくるというのは、何やら曰《いわ》くがありそうで、色眼鏡で見てしまうのを戒めたのであろう。もちろん、「いくつになったの。子供はいるのかい」などと云う質問は御法度だ。この約束事は、遊女に聞いてはいけない事とも重なる。「何処の生まれだ」「そのなまりは何処其処《どこそこ》だね」なんて云うのは「野暮」、スマートな会話ではない。黙って引っ越し人を迎えるのが長屋の暮らしの礼儀である。「忙しいね、おにぎりでも持ってこようか。醤油《しょうゆ》ならあるよ」そんな声掛けで一分にやさしさは通じるのだ。

江戸の都市空間で長屋の人たちは、付き合いの「間」、エチケットを大切に考えていた。どうもこの間の取り方は、江戸の大人の世界の話ばかりではなさそうだ。

九月の最終土曜日に、初等部の保護者会で、〝子育て、三つの禁句〟の話をした。

ひとつ、「勉強しなさい」

ひとつ、「早くしなさい」

ひとつ、「はっきりしなさい」

私も子供を育て、孫の面倒も時々見ているが、この三つの教えは、なかなか守れるものではない。しかし今は、自戒を込めて、これはなかなか含蓄のある教訓ではないかと思っている。老人には、老人の歩幅がある。若者には若者の歩幅がある。もちろん子供には子供の歩幅がある。どうもそれを忘れるようだ。特に親や教師は、そのことを忘れがちだ。親も教師も、ほとんど無自覚に、決まり文句のように、〝三つの禁句〟を繰り返しているような気がする。

殊に「はっきりしなさい」などと、白黒を強要してはいけないということは、大切なことのようだ。香山《かやま》リカさんの講演（たしか、離婚相談の話だった。）を聞いた時にもこのことが強調されていた。粘り強く「そうだね。そうだね」と不満をじっくり聞いてやることが大切だ、そうするとその内に不満が解消されることもあると云うのだ。父だから、母だから、そして教師であるがゆえに、どんなに時間がかかっても、聞いてやることが出来るはずだ。相手の時間に合わせ、ほどよい「間」を取ることは大切なことだ。

「よくみる　よくきく　よくする」が、自由学園初等部がモットーとしてきた創立者の言葉だ。私の言っていることとは違ったように聞こえるかもしれないが、そうではあるまい。子供達に求めることは、親や教師、自らの行動なしに求めることは出来ない。

「よくみる　よくきく」とは時間をかけて、時間を共有することであると思う。

「よくする」自主性は、「待つ」こと、「寛容」を前提することなしには、生まれ得ぬことだ。以上、長屋の話からいつもの脱線である。

不自由のすすめ

なんとなく学生諸君に語りかけたくなって、「不自由のすすめ」と題した。ここで使っている〝不自由〟と云う表現は、思うままにならないという意味だ。不自由の反対は、自由だ。〝自由のすすめ〟ならプラス思考で納得がいくであろう。

〝不自由のすすめ〟では消極的だ。後ろ向きの人生へのすすめのように受け取られるかもしれない。そうではない。私は今の君に、不自由の気持ちを大事にして下さいねと、話しかけたいのだ。

「何だか思うように行かなくて、不自由なんですよ」と云う君の言葉に、まず最初に話しかけたいのは、「そうか思うように行かないよね。不自由だよね」という言葉だ。

「どうして不自由なの」なんて聞こうと思わない。

「こうすれば、いいんだよ」という忠告をしようとも思わない。

誰の文章であったかを忘れた。どこで聞いたかも忘れてしまったが、こんな話を覚えている（元聖路加《せいるか》国際病院長の日野原重明《ひのはらしげあき》さんの講演だったように思う）。

軽症で入院している患者さんが、「足が痛いんです」と言った時、どのように最初に答えるのが、よい看護師さんですかと云うのが質問であった。

一番ダメなのは、「今すぐお医者さんを呼びますね」と慌てる看護師さん。

次は、「どこが痛いんですか」とすぐに問いかける看護師さん。

そして最良の看護師さんは、「そうですか。痛いですね」とまず話を聞く看護師さん。

最良の看護師さんになろうなどと、思い上がった気持ちを持っているわけではない。私に出来ることがもしもあるならば、一緒に聞いてあげる、それだけなのだ。もっとも一番聞いてほしいと思っているのは自分かもしれない。

横浜の定時制高校から始めて、現在の自由学園まで私の教員生活も五〇年を超えた。私の人生の中で、〝不自由〟は、どの場面でも登場して頭をよぎってきた言葉だ。行き当ったすべてのことに対して中途半端だったような気がする。いつも揺れ動いていた。不安な毎日の中でどっちつかずの自分がいた。

行く道は右なのか、左なのか。この年になっても迷いの毎日だ。

今でも、決断したと思った結果が私の髪を後ろから引いている。

教員生活を始めて、五、六年頃がそんな思いが一番強かった気がする。

どっちつかずの自分。優柔不断の自分。中途半端な自分。逃げ出したくなるような自分。そして、後ろ向きな、不自由だと感じる自分があった。しかしその真只中《まっただなか》にいた自分が、ふと立ち止まる。そんな弱い自分を振り返って遠くから見ると、なんだか愛《いと》おしいような気もするのだ。間近では見えなかったものが、時間をおいてみると、遠目で見えてくるような気がするのだ。

浮遊した不安定な感覚が何か次の強いステップになったような気もする。不自由だと感じることが、どこかで強さに変わっていったのだ。鍛え上げられたといった感じとも違う。不自由をかき回して増幅させている、不安・不満・不足・不利が、安定、満足、有利そして自由と向き合いながら、否応《いやおう》なしに前へ進んで行ったのだ。

不自由が前へ進めてくれたのだ。

今でも、たまに満員電車の中で押されながら、職場に駆け足で飛び込んで、一息つくと、「まあ、それでいいのだよ……」と声がして、八木重吉の詩が浮かぶ。

心よ　　　　　　　　八木重吉

こころよ
では　いっておいで

しかし
また　もどっておいでね
やっぱり
ここが　いいのだに
こころよ
では　行っておいで

八木重吉は、若くして亡くなったキリスト教詩人だ。この詩もキリスト教への信仰が背景にある。「ここ」は彼の心の故郷であるキリスト教信仰を云うのであろう。しかし私には信仰というよりは、「ここ」はゆれうごく自分の心であるように思う。弱い自分の心だ。どっちつかずで不安になりながらも、誠実であろうとする自分だ。力いっぱい抱きしめてやりたいような自分の心だ。がんばれよと叱咤《しった》激励するのでもない。寄り添いながら、温かく包み込むような場所を私は心のどこかに残しておきたいと思う。目に浮かぶのは、縁側で野良猫と日向《ひなた》ぼっこをしているお婆さんだ。お婆さんが猫の背中をゆっくりゆっくりなでながら、やさしく小さな声で猫に話かける。
「ノラよ。ここが　いいのだに」と……。

『君たちはどう生きるか』読後

吉野《よしの》源三郎《げんざぶろう》の小説『君たちはどう生きるか』をマンガ化した『漫画　君たちはどう生きるか』が人気だ。原作が出版されたのは約八〇年前の昭和一二年（一九三七年）、私が生まれる七年前である。その頃は日本が本格的に戦争に突入していこうとする時期で、大正ロマンに象徴される自由主義的な空気が全体主義的な流れへと変わっていこうとする時代だった。その背景の中で出された「どう生きるか」というメッセージである。

主人公のコペル君は、そうした時代の中で現実的な問題を敏感に感じ取っている。教養、差別、貧困、いじめ、勇気、といった現代にも通じるテーマについて論じ合いながら、この社会の中で自分はどのように生きていくのか、という命題に正面から向き合う。学校教育の中で「どう生きるか」を考えていくのは「道徳教育」だが、『君たちはどう生きるか』が出版された時代には「修身」と呼ばれていて、「親に孝行しなさい」「勉学に励みなさい」といったことを教える教科であった。

しかし、いくら学んでもいじめられたり、からかわれてつらい思いをするクラスメイトがいる。貧しい家の子はとことん貧しい。そんな現実にコペル君は直面し、悩む。今だって同じだ。いくら高学歴社会になっても、どんなに素晴らしい道徳テキストがあっても、立派な人間になるわけではない。そのこともこの本のメッセージの一つだ。

文言として理解することと、実際に行動してそれが自分の身になっていくことが別の問題であることは、昨今のエリート官僚や政治家の言動からも明らかだ。試験の問題文を読み解き、正しいほうに「○」を付け、難しい漢字が書ける、といった能力を持っていても、知識として得たことが自分の身に染みて捉《とら》えられていなければ、「隠ぺい」や「書き換え」もなくならないだろうと思う。コペル君に言わせれば、「アブラゲ」と呼ばれて嘲笑《ちょうしょう》されているクラスメイトを助けることができるか、正義感を持っていじめっ子に立ち向かっていけるか、となるであろう。

これを教師の側から捉えれば、点数的な評価には馴染《なじ》まないこと、点数に置き換えてはならないこと、それこそが「どう生きるか」を考えていく道徳教育の根本的な価値であるということだ。「修身」や「道徳」で何を教えるかということ以上に、どれほど自分の身で考えられているかということのほうが大きな課題なのだ。給食費が払えない家庭の子どもの作文に潜んでいる心情や、うまく自分のことを表現できない子どもが書いた片言《かたこと》の文章も、立派な答案として手にして教師は読み取っていかなければならないのだ。ところが、文科省や教育委員会は、自分（国、省庁、学校、教師）が期待したことを言葉にできる者を評価する、という前提で教育を捉えている。幼稚園の子どもに立派な言葉を暗唱させて大人たちの前で声を揃えて言わせるのは、園長や大人の期待どおりに振る舞わせて「いい子」だと称しているにすぎない。子どもたちにしても、そんなこととは違うものさしで良い教師かどうかを見ているのだ。帰宅途中についつい立ち飲み屋に心を奪われてしまう私には、「いい子になりなさい」などという言葉はかけられない。

財務省の決裁文書書き換え疑惑での関係者の発言も、型にはまった答弁に終始している。教育現場においても同じことが行われていないだろうか、と私は危惧《きぐ》する。教師が無自覚に「いいことをやらせている」などと満足してはいけないのだ。

何でもできる子が「いい子」だとする教育的な価値観があるかぎり、いくら「主体性を育む」と言ったところで〝型にはまった主体性〟にしかならない。それは明らかに矛盾している。悩んでいる子、学業の継続が困難な子、家庭環境に問題を抱えた子などが発する切実なメッセージや鋭い感性を汲《く》み取っていくのが教育であり、その対応次第で子どもたちに主体性が涵養《かんよう》されることを教師は心しておかなければならない。

誤解を恐れずに言えば、型にはめるということが教育においては最もやってはいけないことなのだ。私は受験戦争に反対の立場ではない。徹底的に勉強する時期は必要だ。暗記すべきことは暗記したほうがいい。漢字も正確に覚えたほうがいい。しかし、それができなかったからといって、その子はダメな子ではないし、「正解」のないものにも点数を付けて評価をしようとすることに私は反対だ。

巷間《こうかん》に言われるほど日本は礼儀正しい国であろうか？　電車の中でお年寄りや体の不自由な人に席を譲っているだろうか？　同年代の日本人数名で中国の北京の大学へシンポジウムに出かけたことがある。地下鉄に乗る際、中国の人たちの多くはドアが開くと一斉に飛び込む。降りる人を待って乗るという秩序も順番を待つということも見られなかった。しかし私たちが乗ると競って乗っていた若者が一斉に席を譲ってくれた。日本では、若者の多くは乗るとすぐに下をむいて携帯を見ている。本当に礼儀正しい国はどちらなのか。日本の道徳教育は本当に役立っているのか。私たちはどういう国を求めているのか。そんなことを感じざるを得なかった。そして知識として道徳教育を行っているにすぎないから、列に並ぶこと、遅刻しないこと、ハンカチを忘れないこと、それだけに意味を置く社会になっているのではないかとも考えた。規律を守ることのみが重視され、その価値観に基づいてあらゆることが白黒付けられていくと、一度失敗しただけの者に対して「一斉攻撃」を仕掛けることにためらいがなくなってしまう。事実、今のメディアやSNSにその状況が表れている。言ってみれば、不注意への袋叩《だた》き状態を認める社会だ。その行為は自分の主体的な行動などではなく、強権への無自覚な加担にすぎない。

学校のために生徒に頑張らせるとか、国のために勉強させることはあってはならない。国のため、学校のため、それらは言葉としては悪いものではないけれど、それが教育のすべてに当てはめられていくのは間違いである。しかし、そういう傾向に社会全体が向かっているような気がしてならない。これが極まると、独裁国家になる。融通の利かない、失敗に不寛容な、一つの正しさだけを価値とする、自分ファーストの社会だ。現在、世界がその傾向にあればなおのこと、教育を型にはめることのないようにしなければならない。

人間は迷う。白黒つけられなかったり、言うべきことを言えなかったり、迷うことが人間的特徴でもあるとするならば、曖昧《あいまい》さを打ち消そうとする権力や仕組みは、社会を非人間化しているようなものだ。間違っても教育がその片棒を担ぐようなことになってはいけない。主体性を奪うのは、あらゆることを型にはめようとする圧力だったことを日本人は戦争中の経験から反省したはずである。

白黒つけられずに悩んでいる人、言えないことを抱えて苦しい立場に追い込まれている人、そういう人たちから自分に対して何が照射されているのかを受け取らなければいけない。受け取るのは教師であり、学校であり、国である。

迷う。悩む。ためらう。心が痛む。どれも人間らしさの表れだ。型どおりにはいかない人間だからこその心情だ。蛮勇などではなく曖昧さこそが「勇気」につながることなのだ。迷いに迷い、その果てに出てきた言葉が人に勇気を与えることを私たちは知っている。むしろ、そのような言葉に励まされてきたのだ。

ずいぶん前のことだ。一家で夜逃げせざるを得なくなって急に学校に来なくなった生徒が、こっそりと私に手紙を送ってきた。それに対して私は、手紙が来れば返事を出し続けようと決めた。その日以来、ほぼ三〇年、手紙のやり取りが続いている。

私の経験から言えば、退学せざるを得ない子に別の学校を探してあげるのも、授業料を払えなくて辞めていく子の進路相談に乗るのも、児童相談所に「どうか、後のことを頼みます」と頭を下げに行くことこそ、教師の役割である。辞めていく子に対して自分からは縁を切らないでいようとする覚悟が教師には必要だ。そこが教育にたずさわる者に問われる「どう生きるか」なのだと思う。

コペル君もそうだが、取り返しのつかない後悔や失敗のときに、実は新しい経験が蓄積されていくのが人間だ。後悔や失敗を意味のあるものにするためには謙虚に自分をかえりみなければいけない。私自身、まだ若い定時制の教師だった頃に、遅刻してきた生徒に対して「後ろに立ってろ！」と言い放ったことがあった。生徒は、そのまま教室を出ていき、二度と学校に来ることはなかった。これが私にとっては「教師として、どうあるべきか」を自問する原点になっている。事あるごとに思い出す出来事だ。

教室や職場でいじめられ、不条理な仕打ちを受けていたりする人がいたとして、いじめっ子や上司に「そんなことは、やめろ！」「それはパワハラではないですか？」と勇気を持って言うのは簡単ではない。しかし言えないということの痛みを感じ合うことはできる。いじめられている子がいたとして、それをクラスメイトは教師に報告できずに苦しんでいるかもしれない。「その気持ちは、先生にもよく分かるんだ。かってこういうことがあってね……」と、痛みの共有をすることは大人と子どもの間でも可能だ。「いじめを見たら先生に伝えること」という行動が正しいことは頭では分かっているけれど、それができない。そういう子を「ダメな子」と判断するだけで生徒の痛みを感じなくなったら、教師は終わりだ。

人は、正しいことを共有していれば安心できるわけではない。規則通りの行動ができないことの痛みや悲しみこそ共有意識として必要である。それがお互いに感じられたとき、自《おの》ずから一歩を踏み出すことができていく。

梅原猛《うめはらたけし》の著書『法然　十五歳の闇』を読むと、法然が「闇」を見たことで専修《せんじゅ》念仏の浄土宗を広める人になっていったことが分かる。他の開祖たちも同様のはずだ。仏教者だけではない。アウグスチヌスのようなキリスト者も非常につらい個人的体験によって「闇」を見た。そのことが後々、キリスト教思想に厚みを与え西洋思想史における重要な役割を果たしたのだ。だから子どもたちに言いたい。つらい経験がなければそれに越したことはないけれど、もしそんな状況になっても、嘆き悲しむことで終わらせずに、そこから出発し直した人たちがたくさんいることを覚えておいてほしい、と。

原発事故で避難を強いられた子どもたちが、避難先でいじめられるようなことが起こる。そういうときにこそ教師を含めて地域の人も一緒に、子どもたちと手をつなごうとする意識が生まれてほしいのだ。「光」の部分にではなく、生きることのつらさという「闇」の部分に生まれる共有意識が、社会には必要なのだ。それは原発に賛成か反対かという是非論を超えた人間的な態度である。

自分が死ぬときに何を持って神様の前に行くのだろうか、とこの頃自問する。「こんな幸せを与えてくれて、ありがとう」と言おうと、ずっと考えていた。ところがだんだん変わってきた。「この世には、こんなにつらいことがありますよ。子どもたちは、いじめで苦しんでいますよ。水俣病の問題だって、まだ終わっていないんですよ」という思いを持っていこうと思うようになった。もしかしたら、そう考えながら今を生きるほうが他者への謙虚さを失わないのではないか。という気がする。幸せを持っていったところで、それは自分が良かっただけの話にすぎないのだから。教師として生きてきて、やっぱり思い出すのは、途中で学校を辞めていった子どもたちのことだ。クラス会に呼ばれても、そこに出席していない教え子たちのほうが気になる。そして思うのは、そういうことを気にかけている、それが教師の役割なのではないかということだ。

高校野球では、甲子園《こうしえん》大会で最後まで勝ち残るのは一校で、それ以外の約四〇〇〇校は必ず敗者を経験する。勝者に光を当てるだけでいいのだろうか？　勝者の言葉が他の敗者たちに響くだろうか？　敗者がやっとのことで言葉にしたその表現の中に、彼らの素晴らしさを見出《みいだ》そうとしているだろうか？　大好きな高校野球を見ながら、思うことだ。

成人式を迎える諸君に「泣かすな嗤うな」

「幼子《おさなご》だったとき、わたしは幼子のように話し、幼子のように思い、幼子のように考えていた。成人した今、幼子のことを棄《す》てた。」
（コリントの信徒への手紙一・13章11節）

これまで通り泣きたい時に泣け
これまで通り笑いたい時に笑え

だが今日からは
泣かしてはいけない
嗤ってはいけない
臆病者でもいい
優柔不断でもいい
頑張らなくてもいい
背伸びしなくてもいい
しかし、泣かしても、嗤ってもいけない。
自分の生きる権利を守ることは
他者の生きる権利を守ることだ
守られた人間から守る人間になれ
寛容と忍耐を力に
おおきなおおきな大人になるのだ
何も変わるわけではない

これは君に贈る私の下手な詩です。

幼子の時に泣いた気持ちを忘れてはならない。純粋な気持ちを持ち続けて泣くべき時に思いっきり泣いて欲しい。思い通りにならなかったり、人の悲しみを見たり感じたり、怒りを覚えたりする時に、正しく泣き続けてほしい。これからも変わらずにやさしい泣き虫であれ。変わってはいけない。嬉《うれ》しい時には、腹の底から笑うのだ。友と一緒に、愛する人と一緒に笑うのだ。大きな喜びにも、もちろん小さな喜びにも、満面に笑みで笑うのだ。跳ね上がり鼓動する清らかな少女のように笑い転げるがいい。

しかし。今日と云う日から、君らは刻印がされる。大人だと。

だから、どんなことがあっても、攻撃的に人を泣かしてはいけない。相手を絶対泣かしてはいけない。やんちゃな喧嘩《けんか》も。取っ組み合いも。もう遠い過去だ。逆立った神経が君のこぶしを震わせようと。共に泣いても泣かしてはいけない。

だから。嗤《わら》ってはいけない。嘲笑してはいけない。相手がいかに君が考える礼儀と異なった考え方をもっていようとも、たとえ相手が罪を犯した人でも嗤ってはいけない。いかなる人に接しても嗤ってはいけない。人権は自分が有していると同じに他者も有しているのだ。相手の痛みを共有することは出来ない。いかに愛していようとも、どんなに小さな擦り傷でも共有することは出来ない。相手の抱えた大きな悲しみのひとかけらでも、自分は持つことが出来ないのだ。互いの人権は分かち合えないから守るのだ。自分を守るように他者を守るのだ。自分の国を愛することは他国を愛することだ。無抵抗が偉大な勇気であることを忘れるな。

君たちは、家によって、学校によって、またある時は少年と呼ばれ守られてきたのだ。大人になるとは、保護者からの離別だ。君が保護者なのだ。これからは、周りの人たちが悲しみの波に飲み込まれそうになったら、その防波堤になるのだ。

寛容と云う言葉は、大人だけに使うことの許された言葉だ。忍耐とは、寛容を生み出す階段だ。一歩一歩進め、忍耐の階段を。そしてさらなる高みに大きな寛容が生まれる。寛容こそ愛の出発点だ。成人からの出発の源泉だ。

教育は理想を追っているか

学校教育の理念への追求は今、退歩しているのではないか。現実にぶつかっても、教育は理想を追わねばならない。子供を取り囲む環境がどうあるべきか、私たちはあまりに現実に身を任せ、理想を直視することを忘れているのではないか。

教育にとって、もっとも重要なことは理想への直視を捨てないことだ。今はしょうがない、そうは言っても、現実は致し方ないじゃないか。教育にその志向がはびこってしまったら、おそらく教育は退歩し、子供たちは、その幸せを得る権利を失ってしまうに違いない。

今年二〇二〇年、九月三日、ユニセフ、イノチェンティ研究所は、先進三八か国における「子どもの幸福度」総合調査ランキングを発表した。子供とここで呼ぶのは、五歳から一八歳まで。これによれば、日本は昨年より順位を下げて二〇位であった。一位オランダ、二位デンマーク、三位ノルウェー。総合とあるのは、この調査が三分野からなっているからだ。A分野は、身体的健康度、これは世界でもっとも高い位置にあり一位。健康状況に恵まれている証左だ。B分野は、スキルである。学力・職業適応力である。これは二七位。社会的スキルに自信を持っていないということだ。そしてC分野は、精神度。生活満足度、自殺率などが基準だ。この分野で日本は三七位、先進国中最下位の一つ前であった。私はこのアンバランスに改めて驚いた。世界中でもっとも悲しい思いをしている子供たちが多いのは日本なのだ。このアンケートに調査の不備を挙げる人もいる。例えば、調査対象の主な子供が一五歳、高校入試の直後であり、落第した人は悲しい思いをしているのではないか。日本人は幸せを実感できない心性をもっているのだとか……。しかし、そんな言い訳で自己正当化していては前に進みようがない。退歩を続けるばかりだ。日本の子供状況を直視してみよう。

文部科学省のまとめによると一八年度に自殺した小・中・高校生は前年比三三％増の三三二人で、一九八八年に現在の方法で統計を取り始めて以来、過去最多となった。内訳は小学生五人、中学生一〇〇人、高校生二二七人。高校生は前年比四二％増だった。厚生労働省は一九年八月一日、全国の児童相談所で一八年度中に対応した児童虐待相談件数（速報値）が一五万九八五〇件と、過去最多を更新したことを明らかにした。コロナ禍をきっかけに、虐待や育児放棄といった相談、通報の件数が増えているという。子供の貧困率も今年の七月の調査結果でも、改善されず七人に一人が貧困であるとの報告もある。母子家庭では、四八・一％が生活困窮であり、この水準はＧ７の国では最低である。

一言で言おう。日本の子供は不幸な状況だということだ。

少し話を変えよう。ほぼ一五〇年前の日本のことだ。幕末、安政の時代だ。安政期日本は、大地震・台風・そしてコレラの襲来と日本史上でも最も悲劇的状況が生まれた時である。この頃多くの外国人が日本にやってきた。その外国人たちが驚いたのは、子供の顔に仕合せがあふれていることだった。幕末、ペルリが通商を求めて、日本にやって来たとき、もっとも驚いたのは、おもちゃ屋の多いこと、そして庶民の子どもに対する寛容さだった。日記には「日本は子どもが大切にされている国」だと記した。

アメリカの考古学者モースは、明治一〇年来日し、日本は子供の天国だ、「世界中で日本ほど、子供が親切に扱われているところはない」と述べ、またイギリスのイザベラ・バードは、東京から北海道まで旅し、「私はこれほど自分の子供に喜びを覚える人々を見たことがない……他人の子供にもそれなりの愛情と注意をそそぐ、自分の子供に誇りを持っている」ドイツ人ワーグナーは、「日本ほど子供が、下層社会の子供さえ、注意深く取り扱われている国は少ない」と述べている。

もとよりこれらは印象、体感批評に過ぎない。当時、一部貧困な農村では人買いが行われたし、幼児死亡率も高い比率を示していることを知っている。能天気にこれを信じるわけにはいかない。しかし一五〇年前の日本の子供が世界最低水準の不幸な精神を内包しているなどとは考えられない。日本は、一五〇年という近代化の中で、子供を不幸にしてきたのだ。子供の笑顔を奪って、時代は進んできたのだ。そのことにまず我々は気付くべきであろう。「七歳までは神の子」という古いことわざが日本にはある。七五三の行事にもそれは残っている風習だが、何より重要なこの言葉の示唆は、子供は地域の共同体で教育するものだという理念である。前提となっているのは、子供の平等性である。

私は、中学高校大学と、五〇年以上教室に立ってきた。その間でもっとも苦痛だったのは、定時制高校時代の給食費の徴収だった。未払いの子供に伝達するのもつらい、生活保護を受けている子供に領収の袋を渡すのもつらい。子供たちは食べるという人間の基本的な行動を前に、それも平等であるべき学校という場において格差を見せつけられるのだ。私の教え子の一人に先日機会があって会った。その時にも同じ経験を語っていたのを思い出す。今も起こっていることなのだ。

給食の無償化については、多くの議論がある。地方財政の経済圧迫につながる、親の責任を放棄させるようなものだなど……。日本では否定的意見が多いのも事実だ。日本でも、平成二九年一七四〇の市町村に学校給食費（食材費）の無償化等の実施状況の調査が行われた。その結果、一七四〇の自治体のうちで学校給食費の無償化を実施している自治体は、七六自治体（四・四％）、小学校のみ無償化が四自治体（〇・二％）、中学校のみ無償化が二自治体（〇・一％）に留《とど》まっている。無償化に踏み切った自治体の多くは町や村であり大都市ではほとんど無償化の話はない。給食を無償化する自治体は少しずつ増えているものの、全国に広まっているとは言えない。

世界の一例を示しておこう。ニューヨークは、二〇一七年、パブリックスクール（公立学校）に通う全生徒一一〇万人を対象に、給食の無償化をスタートさせた。デブラジオ市長は、「お腹が空《す》いてしまっては、学びながら健康に育つことはできません。無償のランチは、ニューヨークにいるすべての子どもたちに、平等な教育をうけさせることにも繋《つな》がるのです」と述べる。

お隣の韓国でも、ソウルでは一一年に小中学校給食の完全無償化に向かうことを議決した。その影響は大きく、無償化した小学校の割合は、〇九年の二四％から一四年には九四％、中学では一〇％から七六％に増加している。もちろん北欧の先進性は、これらを超えている。フィンランドは、既に一九四八年、戦禍から立ち上がると同時に週五日間の給食無償化を実施した。フィンランドはOECD加盟国で実施している学力調査でもトップレベルを維持している教育先進国であることは言うまでもないであろう。日本では格差を広げる教育行政が進んでいるのだ。給食だけの問題ではない。

教育用コンピューターの一台あたりの児童生徒数は一位の佐賀県が一・九人／台であるのに対し、最下位の愛知県は七・五人／台とおよそ四倍の開きがある（二〇一九年三月時点）。「教室用コンピュータ1台当たり児童生徒数」は昨年の五・六人／台から五・四人／台へ状態は改善されてきているが、一人一台などと云う教育体制は程遠い状況である。パソコンが、現代そして未来の教育の手足であると言うならば、なお一層の努力目標と数値を示さねばならない。GIGAスクール構想ではこの格差を是ろう。正し、誰もがＩＣＴ機器を活用して次世代の学びを促進する強い促進計画が必要であろう。

日本は近代化の過程で、子供たちに犠牲を強いてきたのではないか。全体教育の画一化は、生徒指導においても見直しが迫られている。今こそ、つまりコロナ禍という未曾有《みぞう》の危機こそ教育の平等を根本的に考え直す時なのだ。教育に必要なのは何よりも公助なのだ。最優先課題は教育の平等化を共に考えることなのだ。

緊急財政計画の立案も必要なのだ。例えば、税制における教育格差是正の指定寄付制度の導入も考えられる。このコロナ禍でこそ、教育への緊急経済援助が必要なのだ。

多くの課題を抱える日本において、今こそ教育が理想を目指しその一歩を踏み出さない限り、私たちの未来はない。

コロナ禍に　人権教育を

北海道、帯広のお菓子屋さんの店先にあった可愛い表紙に心惹《ひ》かれ、毎月「サイロ」という詩集を送っていただいている。昭和三五年から続き今年の五月号が、七二五号だ。本別《ほんべつ》町立本別中央小学校四年宗形咲希《むなかたさき》さん、「みんなに会いたい」と題した詩だ。

「さびしいな　なにしてるかな　はやく会いたいな　まだかな　まだかな
ここが教室だったら　いいのにな　みんな何してるかな　まだかな　まだかな
あと十回ねないといけないな　妹と遊ぶのもうあきたな
春に近づいているのに　わたしの心は冬のままだな」

帯広市立東小学校二年　清水《しみず》悠花《ゆうか》さんの詩だ。

わくわく

「友だちに会いたいな　体育館でおにごっこをしたいな　図書室でいっしょに本を読みたいな　マンガの話をしたいな　学校に行ける日がわくわくするな」

子どもたちがどんなに学校の再開を心待ちにしているかを考えると胸が締め付けられるような思いである。こんな経験は、私にとっても未曾有のことだ。子どもたちの声が響く学校は、私にとっても待ち焦がれているものなのだ。しかし、一方で何とも不安な気持ちがしてならない。不安は今に始まったことではない。通常の年度でも、長い夏休みが終わる頃には不安でたまらなくなる。長期間休んでいた子供は新しい学期には出てきてくれるだろうか。長期休暇後、新しい生活が始まるとどうしても登校拒否や、いじめが多くなる。新しい学期の始まり、教師はその対応に追われる。始業式の後だった。

「子供が学校が嫌だと云っているんです。カバンが泥だらけになって帰ってきたんです。泣きながらですよ」

夕方の切羽詰まったような保護者の電話に、すぐに対応できず、「後ほど電話いたします。今は元気ですか」などと答え、その後職員会議やミーティングが続き、夜の八時過ぎに何度電話しても保護者が出ず、そのまま翌日の連絡になり、子どもがしばらく不登校になってしまったことがあった。今年は通常年度ではない。異常な状況が続いての学校再開である。教員は疲弊に疲弊を重ねている。新しい学習指導要領は、小学校では二〇二〇年四月に全面実施だ。中学校では二一年全面実施だ。その実施負担が、重く現場にのしかかっていることは確かである。

もちろん、このような状況でも、多くの努力がなされている学校もあるであろう。その懸命な努力に敬意を払うと同時に未《いま》だ実施不可の状態にある学校に向けて、現場教員が安心できるようなメッセージは必要だろう。

五月一日の文部科学大臣の記者会見で、強調されているのは、休校に伴う学力の遅れの指摘だ。夏休み返上、土曜日授業の延長、さらに学校行事の縮小などといったことも取り上げられている。今後も学習時間の確保に、現場では懸命な努力が展開されることであろう。しかし、学校教育にとって、もっとも重要なことは、学力の強化ではない。人間力の強化だ。人としていかに生きるべきかを、学校という集団の中で、学ぶことだ。それが後手に回るのではないか。私は不安だ。

コロナの拡大によって、多くの差別偏見が生まれた。多くの人が恐れていたことが現実になった。差別偏見は学校現場では、いじめになる。大人たちでさえ、非常時には恐怖心が平静な心をおかし他者に攻撃的になる。まして子供の世界にその感情が増していくことは想像に難くない。

感染者へ、さらに医療従事者、配達関係者などへの差別も報告されている。欧米ではアジア人差別が今も続いている。ヘイトスピーチが、さらに助長されているとも聞く。休校中の遠隔授業は、新たな方向性を見出すものである。学校に行きたくても行けない長期入院中の子供や、集団生活についていけない子供にも新たな援助になるだろう。遠隔授業は希望の灯だ。長期化が予想されるコロナ対策の中で新たな可能性を生み出したのだ。

二〇一九年一一月、安倍《あべ》首相は、経済財政諮問会議で「教育現場でパソコンが一人一台ずつ普及するのは当然」と発言し、今年三月三一日の記者会見で文科大臣は、コロナ感染拡大でパソコン整備の前倒し予算計上を提言した。遠隔授業は加速されたが、道半ばである。持つことのできる子と持つことの出来ない子との間に格差が生じている。教育伝達の方法が大きな格差を生んでいるのだ。格差には負の方向性が潜み、新たな差別意識や偏見、いじめが生まれる危険がある。このような時、学校現場で急がねばならないのは、人権教育だ。殊に病気に関連する人権教育は急務である。

文部科学省は、人権教育・啓発に関する基本計画を二〇一一年にまとめ、厚生労働省は中学生向けに、「ハンセン病の向こう側」などのパンフレットも出している。人権教育に関する今までの積み重ねを評価すべきであろう。しかしながら一方で、コロナ感染症拡大における人権教育の指針は後手に回っているように思えてならない。

人権問題に詳しい九州大学名誉教授内田《うちだ》博文《ひろふみ》氏は、五月五日ある新聞社のインタビューで、「新型コロナウイルスを巡り、患者や医療関係者などに対する差別的な言動が相次いでいる。社会が感染症と向き合うためには、医療と同じほどに人権の視点が重要だ」と語っている。文部科学省は学校再開に向けて、コロナ感染症拡大に伴う人権教育への道筋をつけ、いち早い対応を考える必要がある。いまその声は聞こえてこない。文学表現は、共感を導き、やさしい共同体を作りだすために有効な手段である。想像力を養い、やさしさを引き出す文学教育と毅然《きぜん》たる人権教育に、多くの時間を割くべきだ。学力偏重主義の性急な動きは、人権教育、人間力の教育を遠ざけることになるのではないかと私は危惧する。学校再開を心待ちにしている子供たちの期待を裏切らないような教育行政の準備は必須《ひっす》である。最後に、「サイロ」からもう一編紹介する。

＊鹿追《しかおい》町立笹川《ささがわ》小学校　六年　中野《なかの》結《ゆい》さんの「ぶきは笑顔」という詩です。

「最近、あいつは　世界中の人を困らせている
あいつは、私の　友達との時間も楽しみな行事も　うばっていく
あいつは、世界中で　みんなの自由も大切な命も　うばっていく
ただ、私は、負けない　限られた時間でいっぱい　思い出をつくる
あいつに、そんな私の　笑顔はぬすませない」

私たちには子供たちの笑顔を守る責任がある。学校の使命は子供を守ることだ。

今、本当のやさしさが問われている。

自由学園は、コロナ対策のため三月二日から休校になった。二月の末、最高学部（大学部）の実習報告会と昼食の時間、又女子部（中学・高校生）の朝の礼拝でコロナ対策の話をした。

「不安が広がる今だからこそ人のやさしさが問われているのだ。社会にあっても、家にあっても今まで以上のやさしさで人に接することが望まれている」というのがその主旨である。以下はそれに書き加えたものだ。

コロナ対策で今、日本中が大きな試練の時にある。もちろん、私たちは、手洗いを始め予防対策をしっかりやらなければならない。感染をこれ以上増やさないために、各自が冷静に、この病気に対して「正しく恐れ」なければならない。国の対策が十分であったか、政府のとった行動に間違いがなかったのか、その検討はこれからも続けられるであろう。より良い結果のためにも批判精神を保持することは必要だ。もう一度繰り返すが、私たちは感染を防ぎ十分すぎるほどの対策を、個人でも、又学校でも、国でもやらなければならない。そして私はここでは感染症のもたらす恐れについて書き記しておきたいと思う。

昨年、感染症関係の医学会で二度ほど江戸時代の状況について話をさせていただいた。その時、学会の後の懇親会で、世界的に著名な感染症学の先生と話をした。その時先生の口から出た言葉が忘れられない。

「感染症は勿論蔓延が恐ろしい。しかしもっと恐ろしいのは病いに対する人々の差別と偏見です」

感染症に対する特効薬が作られ、人から人への感染が完全否定されたにも拘《かかわ》らず、長く人権を無視した差別が続けられて来た。例えばハンセン病に対する隔離政策があげられる。近年ではエイズに対する就職差別があった。感染症だけではない。水俣病の患者に対しての差別が、水俣出身の子どもたちにも及んだこともあった。又、感染症とは無関係だが、つい最近では、福島の原発事故以降の放射能汚染に関連し、福島出身の子供たちへのいじめがあったことも報道された。

本日、二〇二〇年二月二九日の毎日新聞デジタル版（ベルリン特派員の記事「私を「コロナ」と呼んだ青年に言いたかったこと」）によれば、ヨーロッパではすでにコロナウイルスに関するアジアの人々への偏見が広まっていると伝えられている。このようなことは断じて許されるものではない。差別・偏見には勇気を持って戦わなければならない。私たちは、誤った負の感染症の歴史を繰り返してはならないのだ。そして今、我々の身近で起きうる危険があることも認識しなければならない。私達のすぐそばには、自らのプライドを真っ逆さまに突き落とす奈落《ならく》の断崖《だんがい》があるのだ。自らが、又隣人が差別者になる危険があることを認識しなければならない。不安と危険の渦中にあるからこそ、私達は、人間の誇りとヒューマニズムの勝利を誇らかに歌わねばならないのである。

私達の精神は、危機と不安の中に立たされ揺らいでいるかもしれない。しかしそのような時であるからこそ、人間の評価が試されているのだ。危機的状況は人間の尊厳が試される時でもある。毅然たる態度で、究極のやさしさをもって人々に接しよう。学校が休みになり、寮生も家庭に戻ることになる。もちろんこれはウイルスの拡大を恐れての処置だ。最善の注意を払わなければならない。そして同時に私が強く諸君らに望むことは、弟や妹に今まで以上にやさしく接してほしいということだ。親の仕事の支えになり、高齢者の心に寄り添ってほしいということである。君たちの若さはそれに耐えうるはずだ。貢献できる力を持っているはずだ。中学生であれ、高校生であれ、大学生であれ、家庭にあって大きな支えになってほしいのだ。正義と柔軟な感性を持つ若さこそ社会と家庭を思いやりとやさしさに包まれた場所に引っ張って行けるのである。積極的に頼られる存在になって欲しい。

それは、この社会から差別や偏見を一掃する第一歩だ。コロナへの対策は、病気の蔓延《まんえん》を防ぐのみではない。差別なき社会のありようを決める試金石でもあるのだ。人間の持つ真の絆《きずな》が生まれるのは危機の最中《さなか》だ。

やさしさを胸いっぱいに吸い込んで明日に向かおう。遅くとも春は必ず来る。

番外編　休校おすすめ図書

休校おすすめ図書1　漫画『風雲児たち』

休校期間中、おすすめの図書を勝手にあげておくことにした。まったくの自己流、たまたま私の机の周辺にあったものを取り上げるといった無責任なものだ。第一にあげるのは、『風雲児たち』。江戸時代を通観するにはこの作品がもっとも適当なものだ。原作みなもと太郎。作者のみなもとさんとは、私が編集責任をした平成一七年（二〇〇五年）一月刊行の『江戸文化とサブカルチャー』（至文堂）で対談をした。その縁で今年（二〇年）一月にリイド社から刊行された『風雲児たち　幕末編』第三三巻の帯に宣伝文を書かせてもらった。

この作品の第一部が登場したのは、昭和五四年（一九七九年）七月刊行の『月刊少年ワールド』だ。何と四〇年もの間、読者の心をとらえてきたのだ。一八年には、三《み》谷幸喜《たにこうき》脚本、NHK正月時代劇で『風雲児たち―蘭学革命《れぼりゅうし》篇』が放映、翌年には歌舞伎座でも上演されている。本作の特徴のひとつは、地方史などの最新の成果を取り込み広い範囲での史料にもとづいて書かれていることだ。それは教科書をなぞったような学習参考書漫画とは異なったものだ。例えば、田沼《たぬま》時代。私が日本史を習った頃は、賄賂《わいろ》の横行する悪役と云えば田沼意次《おきつぐ》であったが、そんな一方的評価は影をひそめている。むしろ文芸活況期とも言うべき時代である。『風雲児たち』の面白さは、目線である。漫画ならではの、視線がここにはある。歴史家の客観性が見落とした庶民の鼓動、空気がある。歴史小説家の視線とも異なった画像による想像力がある。読者は登場人物のイメージに引きずられていく、歴史を学ぶと云うだけではない、感情同化というべきなのだろうか、登場人物との一体感が生まれる作品だ。そしてそれが劇化とは異なった、笑いという操作の中で、感情を異化する〝漫画〟であることによってほど良い距離を保っているのだ。学生、生徒にはまずこの辺りから江戸時代の歴史に興味を抱いてほしいと思う。もちろん若い人たちばかりではない、漫画はちょっとついていけないんだよ、という方にもおすすめである。全巻まとめて買うのは、大変だが、その価値は十分だ。

全巻の中で、やはり秀逸なのは、幕末編である。登場人物のキャラクターが漫画から立ち上がってくる。中でも、私が引き込まれていったのは、高野長英《たかのちょうえい》だ。シーボルトの塾では、医学・蘭学を学び、抜群の才気を発揮、塾頭となり、ピタゴラスからガリレオ、ジョン・ロックにいたる西洋哲学史を要約した人物、渡辺崋山《わたなべかざん》らとともに天《てん》明大飢饉《めいだいききん》の対策を叫び、異国船打払い令で幕府を批判、蛮社の獄で伝馬町《てんまちょう》の牢《ろう》に入れられるが、火災に乗じて脱獄、死罪を申し渡されるも、顔を硝酸で焼き変装し、逃亡を重ね、ついに江戸で捕縛され、護送の途中で死んだ（自殺？）とされる人物。読んだ後その長い顔がしばらく離れなかった。傲慢《ごうまん》な性格の長英が、「権力者の庇護《ひご》なんかを信じた俺は大バカヤローだ……」「損得抜きで命がけで助けてくれるのは無名の人たちばっかりじゃねェスか」と云ったセリフ（第二〇巻　第五章「男泣き長英」）も覚えている。江戸時代最高の外国語の天才の、「ばっかりじゃねェスか」という細かな東北弁表現も面白かった。水沢《みずさわ》（奥州市《おうしゅう》）の高野長英記念館で実際の肖像画を見て、漫画の長い顔そっくりに驚いたことや、逃亡先の宇和島《うわじま》まで行き、鯛茶漬けを食べたこともあった。東京南青山《みなみあおやま》の「高野長英隠れ家」の碑を探し回ったことも思い出す。

丸っこい顔に描かれた、北方探検家最上徳内《もがみとくない》も忘れられない。山形県村山市《むらやま》にある最上徳内記念館にはまだ行っていない。本書を読み徳内や間宮林蔵《まみやりんぞう》、そして高田屋嘉《たかだやか》兵衛《へえ》らの北方への夢に強く惹《ひ》かれ、その追っかけを決意し、嘉兵衛ゆかりの淡路島《あわじ》・函館《はこだて》・カムチャツカを訪れたが、樺太《からふと》の間宮海峡はまだ見ていない。その夢もまだ捨てないでいる。

コロナ感染症がなりをひそめ、旅が自由になった時の歴史散歩のマーカーに最適の書と云ってもよいであろう。

休校おすすめ図書2『蝉しぐれ』

『蝉しぐれ』は、文春文庫版で約四五〇ページ。多くのテレビドラマ・映画などにもなってきた。藤沢周平《ふじさわしゅうへい》による時代小説、戦後最高の恋愛小説という評価もある。

主人公牧文四郎は、物語に一五歳で登場する。文四郎は、下級武士の子。貧しい下級武士の家に生まれた子供は、よほどのことがない限り貧しい武士のままだ。江戸時代の武士は公務員、サラリーマン。文四郎の家は普請組。現在なら県や市役所の河川、道路の修理にあたる土木課、土木課の中でも、デスクワークではない。実際の工事の現場に立って指示を出す人だ。文四郎が生まれた服部家は、一二〇石で右筆（文書記録課）だが、文四郎は次男で家を継ぐことが出来ず、牧家に養子になったのである。牧家は、二八石、家格は服部家よりさらに低い。文四郎と父の間に血のつながりはない。当時の収入を現代に置き換えることは、難しいが、地方で一〇〇〇石は大変な金持ちで二〇〇〇万円以上の年収になろう。家老（今の公務員であれば最高クラスの部長でしょうか）クラスだ。食料は自給自足、住宅も支給されているからかなり豊かだ。牧家はおそらく年収二〇〇〇万円以下。貧しい家にもらわれた文四郎は、少しかたぐるしい所のある母親と仕事熱心な父親に育てられる。元気に剣道場にも、学塾にも通っている。剣道の腕前もなかなか、勉強はちょっと苦手。意地悪な友達もいるが仲間もいる。文四郎は、北国の小さな藩のどこにでもいそうな少年だ。作者はその藩を海坂《うなさか》藩と呼ぶ。藤沢周平の故郷である山形県鶴岡《つるおか》市がモデルである。運動系所属、クラブ大好き、友達と時々寄り道をして母親に叱《しか》られる中学生だ。隣の家には三歳年下の「ふく」という名の女の子がいる。小学校高学年、無口なかわいい子だ。

文四郎の身に突然悲劇が襲う。父が、藩主の世継ぎをめぐる抗争事件に巻き込まれたのだ。父の切腹と云う悲劇が少年を襲う。悲劇が少年を襲うことは、現代も江戸時代も変わりはない。しかし、江戸時代、武士の少年の一五歳は戦場に行く可能性を秘め、父の代役も務める。文四郎も、川の水があふれた時には代わりに出動もしている。一五歳の少年の家を支える意識は今とはもちろん違うが、大切な人を早くに亡くした者には、文四郎の思いは痛い。この場面、私は痛切に父を思った。

「蟻のごとく」と題された、全二一章の第六章、前半部のクライマックスとも云うべき章だ。前の章は「黒風白雨」、黒風は、暴風、白雨はにわか雨。悲劇は黒風白雨のごとく襲ってきたのだ。文四郎は、自死直前の父との最後の対面の時、「父上、何事が起きたのかお聞かせください」と問いかける。しかし、父はそれに答えず。

「文四郎はわしを恥じてはならん。そのことは胸にしまっておけ」とだけ言い残す。

〝父の死を恥じてはならない〟。寺から父の遺体を引き取り、頑丈で重い工事用の荷車で自分の家に運ぶ少年の脳裏に刻まれる時間と光を見据えておきたい。


「堪えがたい時が過ぎて行った。真昼どきの白熱した光が門前に待つ人びとにふりそそぎ、その暑さも堪えがたかったが、それよりもいま寺内ですすんでいることが、待つ人びとの気持ちを火で煎《い》るように堪えがたくするのである」

処刑の行われている寺の門前。切腹は時をえらばず執行された。作者は百字にも満たない字数の中で、「堪えがたい」「堪えがたかった」「堪えがたくする」と、文四郎の気持ちを三度も繰り返す。切腹する者の自尊心を奪っていくのが、真昼の白熱光である。「蟻のごとく」の章の始まりは、「夜が明けると、日はまた昨夜の嵐に洗われた城下の家々と木々にさしかけ、その日射しは、六つ半（午前七時）に達するころには、はやくも堪えがたい暑熱の様相をむき出しに見せはじめた」とある。自然描写に少年の心理が動く。

沈黙を際立たせる蟬の声。

「寺の奥から介錯《かいしゃく》の声が聞こえては来ないかと耳を澄ましたが、人声は聞こえず、耳に入って来るのは境内の蟬の声だけだった」

……少年の人生はここから始まっていくのだ。続きをぜひ読んでほしい。コロナ休校が終わり夏を迎え、〝蟬しぐれ〟が聞こえる時、この作品は読者を勇気づけるに違いない。

休校おすすめ図書3『マグダラのマリア—エロスとアガペーの聖女』

満月だ。四月に満月の日がやってくると、イースターを思う。復活祭は、春分の日の後、最初に迎える満月から数えて最初の日曜日だ。復活日と呼んで祭りをあまり強調しない人たちもいるが、西欧の庶民にとって、この日は、クリスマス以上に祭りの色彩が強いものだ。広場に集まる人出は、クリスマスの比ではない。北国では春の訪れを祝うまさしく祝祭である。今年のイースターは、四月一二日。

今年、世界中は歴史上かってない寂しいイースターを迎えることになるであろう。アメリカ北部の田舎町で、イースターを迎えたことがある。ダウンタウンのウインドウには、色とりどりの卵が飾られていた。招かれたホームパーティーでは、子どもたちが卵探しで夢中になっていた。この卵の由来は、イエスの復活を見届けたマグダラのマリアが、福音を伝えるべくローマを訪れ、皇帝ティベリウスに拝謁し白い卵を贈ったことに由来する。皇帝は復活を信じなかったが、その時白い卵が赤く変わったと云う。イエスの血の色だと云う。カラフルな卵の中でも特別に赤い卵を大事にするのはそのためだ。「卵黄に血の一筋や復活祭」などと云う句も、この伝承に基づいたもの。簡単に彼女のことを記す。

「イエスの女弟子　悪霊に悩まされていたがイエスによって癒された。イエスの十字架の死を見守り、香料を携えてその墓を訪れたが、死体を見ないで復活のイ

エスに会った伝説によると、遊女で罪を悔いた女とされている」(『世界人名大辞典』岩波書店)

さて、今回紹介する本は、このマグダラのマリアに関する本だ。岡田温司《おかだあつし》著『マグダラのマリア―エロスとアガペーの聖女』(中公新書)。

この本の特徴は、何と言ってもその文体の分かりやすさだ。この手の本は、難しいのではないかと思ってしまいがちだが、実に読みやすい。次に図像が多いことだ。ほとんどのページに、図版がある。私は、読むと云うよりも絵を楽しむことからこの本に入っていった。聖なるマグダラと娼婦《しょうふ》としてのマグダラが共存しながら、キリスト教芸術の世界に誘い込むのだ。例えば、同時代の同じ画像〝悔悛《かいしゅん》のマグダラ〟でありながら、一方は、純潔を象徴するような、うなだれた少女、一方は上半身をはだけ恍惚《こうこつ》の表情を見せる、官能的な女性。まったく異なった聖と俗の表象だ。しかし共通しているのは、頬をつたう一粒の涙。涙の意味を、本書は解き明かしていく。第Ⅳ章「襤褸《ぼろ》をまとったヴィーナス」には、「この上なく美しいが、またできるだけ涙にくれている」と記し、貞節にして淫《みだ》ら、美しくてしかも神聖な、〝娼婦＝聖女〟の姿を描き出している。

「西洋のキリスト教は、この聖女にいかなる願望や欲望を投影してきたのだろうか。

宗教はもちろんのこと、社会や文化、芸術の歴史と、この聖女の運命とのあいだには、どのような関係があったのだろうか」（本書、まえがき──両義的なる存在）といった問題意識は、キリスト教がマグダラを通して考えるべき想像力を私達に求めてきていると云ってもいいであろう。神聖娼婦と呼ばれる、売春史における聖性と遊女との関連もこの本を読んで連想される。日本の仏教史においても、法然と遊女にまつわる説話や比丘尼《びくに》と遊女、芸能と遊女など、比較文化として考えられる問題もある。もちろん、日本の近代文学でも、大きなテーマになり得るであろう。

芥川龍之介は、マグダラのマリアについて、

「クリストの命の終った後、彼女のまっ先に彼を見たのはこういう恋愛の力である。クリストもまた大勢の女人たちを、──就中《なかんずく》マグダラのマリアを愛した。……クリストは度たび彼女を見ることに彼の寂しさを慰めたであろう」（『西方の人』15女人）

と記している。

二〇一八年制作のDVD『MARY MAGDALENE』（マグダラのマリア）を見た。

マグダラのマリアは、漁師の娘。娼婦ではない。結婚を押し付ける家族との軋轢《あつれき》がマグダラのマリアをイエスに接近させる。ジェンダーの問題がこの映画の大きなテーマだ。復活を見届けた後の弟子たちとの仲たがい。若いユダの苦悩がいい。主演の女性は、ルーニー・マーラ。どこかで見た顔だと思ったら、テレビ「ER緊急救命室」に出ていたのだ。マグダラのマリアの絵画とはまったく異なっているが、芯の強さが表情にはっきりと出ている。映画の最後の字幕には、「五九一年グレゴリ一世がマリアは娼婦だったと主張、その誤解が今日も残っている」「二〇一六年マグダラのマリアはイエス復活の証人として使徒と同等の地位が与えられた」とある。

マグダラのマリアに関連する映画と云えば、二〇〇六年公開トム・ハンクス主演ミステリー映画『ダ・ヴィンチ・コード』も忘れることは出来ない。今世紀最大の話題作などと云った触れ込みだった作品。一部の教会では、イエスを冒瀆《ぼうとく》する作品としてボイコットもあった。イエスとマグダラのマリアとの間に生まれた子孫を探すのが一つの筋だ。これも久しぶりにアマゾンプライムで見た。休校でなければ立て続けに二本の映画を見ることはなかったであろう。私がマグダラのマリアを知ったのは、ちょうど今頃、イースターを迎える大学三年の聖書研究会だった。その後今に至るまで、マグダラのマリアのことが頭から離れない。伝承にも、聖書理解にも困惑が細く長く続いてきた。迷いばかりであったが、私の遊女研究のひとつの原点がここにあったことは確かだ。コロナ禍、こんな不安な気持ちで復活の日を迎えたことはない。不安であるからこそ思い出さねばならないこともある。今年の今を刻んでおきたいと思う。お月様と卵とイエス様と子どもが主人公になるような童話が出来ないものだろうか。忘れていた。イースターのウサギも登場させなくては……。今晩はいい夢かな……。

休校おすすめ図書4『ニルスのふしぎな旅』

じっくり読んだが、休憩・食事をはさんで一日で十分読める。「ニルスのふしぎな旅」（セルマ・ラーゲルレーヴ作）上下二巻。私が、今回読んだのは、菱木《ひしき》晃子《あきらこ》訳の福音館書店版。上巻五一五ページ、下巻五三三ページ、一〇〇〇ページを超える分量だ。児童書に新本二巻で五〇六〇円。奮発が必要かもしれない。家に、『ニールスのふしぎな旅』（岩波少年文庫上下）があったのだが、これは抄訳、おすすめは、完訳本の福音館版だ。アニメ（NHK　一九八〇年から五二話）も、アマゾンプライム無料で閲覧できる。半分ほど見て疲れてやめたが、タケカワユキヒデ作曲のメロディーが耳に残った。

今更、ニルスの冒険でもあるまいと思う人もいるであろうが、七五歳の老骨にとって「この時期に読んだ」と自分に刻印するにはいい本だ。孫にプレゼントするにも最適であろう。読み終わって深呼吸した時の爽快感《そうかい》は一四歳の少年に戻っている。この頃、新型コロナウイルスの問題に直面しているのは、自然との共存がうまくいっていなかったことの表れのように思えてならない。コロナとの戦いという表現が自分の中でしっくりしなくなってきた。人類学者やいろいろな方面からもそんな声を聞いたせいかもしれない。今だからこそ自分が大きな自然界に存在することの意味を素朴に問いかけてみたくなったのだろう。

大正七年（一九一八年）、日本で最初に訳された時の題名は「飛行一寸法師」。いい題名だ。因《ちな》みに、スウェーデン語では、「ふしぎな旅」と云うより「すばらしい旅」と云ったニュアンスだそうだ。物語は、動物たちにいたずらばかりし、動物たちから嫌われた少年ニルスが、妖精《ようせい》によって小さな体にされてしまうことから始まる。飼っていたガチョウ（モルテン）の背に乗って空を飛び、ガンの群れと一緒に国内を旅する。行く先々で多くの動物たちや人々と出会い、やがて家に帰るのだが、ガチョウを殺そうとした両親を止めようと叫んだ時、元の姿に戻るというのが結末だ。スウェーデンの先進的教育の出発点とも言える話である。環境保護への意識も読み取れよう。約一〇〇年前、この物語が日本に紹介された頃、新たなる自由への渇望が芽吹き始める一方でシベリア出兵を始め戦争への足音が迫ってきた頃であった。その頃から、スウェーデンは、中立国としての歩みを始め、平和を模索していたことも云い添えておきたい。

日本でも多くの作家たちに親しまれてきた一冊である。大江健三郎《おおえけんざぶろう》は、母親から幼い頃最初に勧められた本として、ノーベル賞の授賞式の挨拶《あいさつ》でもこの作品を紹介した。筆者のラーゲルレーヴはノーベル賞を受賞し、婦人解放運動のリーダーでもあり、平塚《ひらつか》らいちょう等にも大きな影響を与えた。小学校の教科書や大学入試にも取り上げられたことがあるが、長編の原本をじっくり読む機会はなかった。家にいる時間が多い今はそのチャンスだ。

後編に挿入されたエピソードを紹介しておく。当時、スウェーデンでは結核が蔓延していた。ある日、幸せに暮らしていた家族のもとに、貧しい旅の女が病に倒れ宿を求める。親切な家族はこの女に宿を提供する。悲劇はここから始まる。女は当時不治の病であった結核を患っていたのだ。病は家族中に感染し、姉たちが死に、父親は病をたたりと誤解して家族をおいて逃げ出してしまう。そして、残された幼い姉と弟を前にして、死の直前の母親がこう言い残す。

「よくおきき。あたしは、あの旅の女を家に泊《と》めたことを、少しも後悔《こうかい》していない。いいことをしたのだから、死ぬのはこわくない。人間はだれだって死ぬんだ。死は、だれにも避《さ》けられない。だが、よい心を持って死ぬか、悪い心を持って死ぬかは、自分でえらべるんだよ」

そして二人は講演に来た医師から「たたるとかたたらないとか、そんなことで、人は他人に病気をうつせるものではありません。この病気は、いまや、スウェーデンじゅうで猛威《もうい》をふるっているのです。結核《けっかく》は、どこの家をもおそうのです」と話を聞き、父の誤解を解くために旅に出る。「母や姉たちが死んだのは、結核《けっかく》というどこにでもある病気のせいで、悪い人がわざと病気をうつしたからではなかったということを、父に教えてあげたいのです。(中略)それは、あたしたちの務《つと》めです。だって父はいまも、毎日毎日、そのことで思い悩《なや》んでいると思いますから」

これは非常に強いメッセージだ。今、私達が突き付けられているのは、本当の正義心とは何かだ。生きるために本当に大切なこととは何か。今こそ世代をこえ家族そろって読みたい本だ。

おわりに

二〇一〇年春、立教大学文学部教授を退任、夏に立教新座高等学校の校長に着任した。その年の秋一か月半ほど、以前から約束していた集中講義でコロンビア大学へ行った。講義は、サブカルチャーから見た江戸の黄表紙。講義日以外は、ハドソン川の夕焼けを見ながら、ピート・ハミルの短編を読んだ。「ニューヨーク・スケッチブック」に登場する町の名を地図に書き入れ、ブルックリンのバーの前まで行ったり……（中に一人で入る勇気はなかった）。帰国後も、国文学の雑誌に連載中の遊里指南書『色道大鏡』の注釈に追われ、NHKテレビ「ブラタモリ」で吉原案内もした。一一年三月一一日の東日本大震災のほぼ、三か月ほど前のことである。東日本大震災、殊に福島原子力発電所が引き起こした〈悲惨〉は、私の社会への関わり、教師としての視座を変えた。相変わらず学校帰りの立ち飲みは続き、生徒から冷やされたりしたが、何としてでも、彼らに純粋で真っ正直な直向《ひたむ》きな心を持って欲しいと強く感じるようになった。相手がどんなに大きな強い相手でも、自分が小さなか弱い存在であろうとも、体当たりでぶつかって行って欲しいと思った。

ピート・ハミルは、ベトナム戦争に土足で踏み込んだアメリカの権威に正面からぶつかったジャーナリストだ。山田洋次《やまだようじ》監督の映画「幸福の黄色いハンカチ」の元になった話も書いた。川本三郎は、コラムを集めた「イラショナル・レイビンクス」(理性のかけらもないたわごと)の解説で、「ピート・ハミルの根底にあるのは、この「男の子」としての、「兄」としての、心やさしい怒りなのだ。温かい正義感なのだ。それはシンプルであればあるほど胸を打つ。「男の子」はやはりシニカルでいたり、斜に構えてばかりいてはダメなのだ。怒るべきところできちんと怒らなくては、それはもう「男の子」ではない」と記している。

校長を辞した後一五年、自由学園最高学部長に転じた。優秀な人材を輩出してきた、キリスト教教育を基盤にヒューマン精神を謳《うた》う学園だ。フランク・ロイド・ライトの自然との調和の精神を引き継ぐキャンパスを持つ、学生数約一〇〇人、教員数八〇人ほどの小さな贅沢《ぜいたく》な大学だ。ここで本物の教育とは何かを問われ続けた。そして退職までの五年間一七〇回を超すブログ「時に海を見よ　その後」を書き記した。本書の多くの章はそのブログから生まれた。殊に、新型コロナウイルス感染症による緊急事態宣言発令の直前、二〇年の二月二九日に記した第１４５回自由学園最高学部長ブログ「今本当のやさしさが問われている。」(本書所収)は、友人による英語訳も掲載され、世界中の多くの人に読んでいただくことができた。今コロナ禍で多くの人が苦しみの中にあり、混迷も深まっている。しかしこの時を、如何《いか》に乗り越えるかが、すべての人に問われている。書名の「生きるために本当に大切なこと」という問いかけは、今、コロナ禍であるからこそ、すべての人が問い続けなければならないことだ。もちろん安易な回答がここにあるわけではない。しかし、その問いかけを大切に抱え持ち前へ進まなければならないことは確かだ。

書名に「大切」の文言を入れてもらった。キリシタン時代に宣教師たちが、聖書の「愛」の言葉の翻訳に苦労し、「大切」という言葉を使ったことを思い出したからだ。『日本国語大辞典』の「御大切《ごたいせつ》」の項には、「近代になってから「愛」という語で表わすようになった心の動きをキリシタン文学でいう」と解説もある。「愛」以前、日本では「大切」という言葉が一般的であった。書名は「生きるための本当の愛とは何か」と言い換えてもいいかもしれない。しかし、それではちょっと面はゆい。本書をきっかけに、身近な仲間に「それが大切だよ」と語りかけることができたらと思う。

ピート・ハミルは、昨年八月、八五歳で亡くなった。本書をもちろん若者に読んでもらいたい。そしてまた、ハミルへの哀悼を、一九六〇年代後半に青春を送った人たちと連帯し、頑《かたく》なと評されようが、老人なるがゆえに持ち得る、拘束を離れた自由を希求し、理念を重んじる勇気の燃えカスに火をつけたい。残り少ない人生で今一度研究中心の生活に戻り、私の中で中途半端に置かれたままの江戸の遊女たちの声に耳を傾け、前に進みたいと思う。

教師生活五一年。今年で退職の時を迎える。本書は、我儘《わがまま》気まま放埒《ほうらつ》な呑兵衛《のんべえ》教師を支えてくれた多くの教え子たちへの最終講義でもある。

「諸君ありがとう」

KADOKAWAの岸本亜紀《きしもとあき》さんとの出会いに末尾ながら心より感謝申し上げる。

解説

池《いけ》上《がみ》彰《あきら》（ジャーナリスト）

二〇二〇年春からの新型コロナウイルスの感染拡大で、多くの学校が休校になりました。とりわけ大学は、小中高校が授業を再開してもキャンパスは学生が入れない状態が続きました。

希望に満ちて大学生になったのに、憧《あこが》れのキャンパスに入れないまま。講義はリモートが続き、自分の部屋に籠《こも》ったまま。友人ができずに孤独に苛《さいな》まれてきた若者たちも多かったことでしょう。

私が特命教授を務める東京工業大学では、毎年春、新入生全員に「大学で学ぶ意味」について講演してきました。ところが二〇二〇年の春は直接語りかけることができず、リモートで学生諸君にメッセージを贈りました。

そこで私が強調したこと。それは、「若者よ、孤独に耐えよ」ということでした。

いまの若者たちは、常にスマホを持ち、ツイッターやLINEで友人と繋《つな》がり続けています。これは、人類の長い歴史の中で、極めて異例のことです。人間は社会的存在ですから、仲間とコミュニケーションをとりたいのは当たり前です。でも、常時接続など、これまであり得なかったことです。

それだけに、新学期になっても新たな友人ができないと、たったひとりで過ごす時間が長くなったはずです。孤独感を味わったでしょうか。辛《つら》かったと思います。勉強もなかなか進まなかったかもしれません。

しかし、この孤独は貴重だったのです。

たとえば友人たちと楽しい時間を過ごした後、ひとりになった直後の孤独感。あなたは覚えがありますか。この孤独が、あなたを成長させるのです。

人間は社会と繋がりながらも、結局はたったひとり。ひとりで生きていかなければならない。これを若いうちに知っておくことが肝要なのです。

私が大学に入学したのは一九六九年のこと。東京大学と東京教育大学（現在の筑波《つくば》大学）が学生による長期ストライキで入試が中止になるという混乱に巻き込まれました。大学に入っても、すぐに全学ストライキ。学生たちが教室の机や椅子を持ち出して正門にバリケードを築き、教職員の立ち入りを阻止。キャンパスは学生によって自主管理となりました。全ての講義は中止となり、入学早々、キャンパスにも入れず、講義もないという異常事態です。

孤独です。自分はどんな人生を生きるべきなのか。哲学書などさまざまな書籍を乱読する日々でした。この辛い日々が、いまの自分を形成したと思います。

私が入学したのは経済学部でしたので、経済学の本も買ってきては独力で読み進める努力を続けました。

結果として、独学の力がつきました。大学を出た後も独学を続けてきました。七〇歳を超えたいまも仕事ができているのは、この独学の積み重ねがあったからだと痛感しています。孤独は人を成長させるのです。

この「孤独」の重要性を強調し、「時に、孤独を直視せよ」というメッセージを高校の卒業生に贈ったのが、渡辺憲司《わたなべけんじ》氏です。

二〇一一年三月、東日本大震災の混乱の中で、渡辺氏が校長を務めていた立教新座高校は卒業式ができなくなりました。このとき渡辺氏はインターネット上で卒業生にメッセージを贈ります。それが、「時に海を見よ」という文章です。これが大きな反響を呼び、多くの人に感動をもたらしました。

「時に、孤独を直視せよ。海原の前に一人立て。自分の夢が何であるか。海に向かって問え。青春とは、孤独を直視することなのだ」

巨大な地震と大津波。福島での原発事故と、人々が不安を抱いていたとき、この言葉がどれだけ勇気を授けてくれたことか。

これを現時点で読み返すと、まるでコロナ禍で不安に苛まれている私たちへのメッセージのように思えてしまいます。

危機に直面したとき、常に私たちに語りかけてくれる。これが古典というものです。渡辺氏のメッセージは、もはや古典となったのだと思います。

渡辺憲司氏は一九四四年一二月生まれですから、現在七六歳。日本の近世文学の研究者として知られています。本書を読むと、随所にその片鱗《へんりん》がうかがえます。

渡辺氏は北海道出身で立教大学の大学院を卒業し、教師の道を進みます。横浜の商業高校定時制をスタートに、東京の武蔵高校、山口県の梅光女学院大学（現在の梅光学院大学）を経て立教大学教授に就任。二〇一〇年八月に立教新座中学校・高等学校校長となり、翌年三月の卒業式メッセージが有名となります。

その後、二〇一五年四月から自由学園最高学部（大学に該当）の学部長を務めています。コロナ禍に当たって書かれた「今本当のやさしさが問われている。」も多くの感動を呼びました。

本書を読めばわかるように、渡辺氏は敬虔《けいけん》なクリスチャンです。聖書からの引用が随所に見られますが、「そうか、聖書には、こんなメッセージが込められていたのか」と再発見の連続でした。

一切の怯懦《きょうだ》を排し、孤独を愛し、人々を愛する。こんな素敵な先生の教えを受けた人たちの、なんと幸せなことよ。

いまさら生徒にはなれませんが、本書を読むことで、本人の謦咳《けいがい》に接することは可能なはずです。

若い人は、新たな学びとして、昔若かった人は、学び直しとして読んでいただきたい。君は海を見ましたか。

初出

第一章

「**卒業式を中止した立教新座高校三年生諸君へ**」「命二つ」「十五の春へ」「**孤独を見つめよ**」「**夢を抱け**」「**紳士たれ**」「**自然との共存**」「**明日ではなく未来を語れ**」「ムラサキケマン／卒業」は、立教新座中学・高等学校の校長時代の入学式・卒業式での式辞として執筆されました（太字の六編は『時に海を見よ』（双葉文庫）に収録されたものを加筆修正）。

「原発にならされし愚」「浪江町請戸の浜」は、「自由学園最高学部長ブログ」より。

「原発被災地の今。夢をつなぐ「福島県立ふたば未来学園中学校・高等学校」訪問」は書き下ろし。

第二章

「言葉の力・祈りの時を」「愛する旅に出よ——オリンピック精神」は、立教新座中学・高等学校の校長時代の礼拝講話・卒業式での式辞。

ほかすべて「自由学園最高学部長ブログ」より。

第三章

すべて「自由学園最高学部長ブログ」より。

第四章

「コロナ禍に　人権教育を」は、二〇二〇年五月一九日NHK・Eテレ「視点・論点」の発表原稿に加筆修正。ほかすべて「自由学園最高学部長ブログ」より。

番外編

すべて「自由学園最高学部長ブログ」より。

「おわりに」は書き下ろし。

注※「自由学園最高学部長ブログ」及び立教新座中学・高等学校の校長時代の礼拝講話・卒業式での式辞からのものは、すべて大幅に書き換え加筆訂正をしました。尚、第三章「岡見京子、初の女性医学博士」は、『東京人』二〇一八年一〇月号の赤坂人物散歩「岡見京子」、第四章「新得共働学舎という故郷」は一九年『明日の友』早春号「いのちの花の咲くところ」、番外編　休校おすすめ図書2『蟬しぐれ』は、旺文社刊行『標準問題精講国語特別講義　読んでおきたいとっておきの名作25』、休校おすすめ図書4『ニルスのふしぎな旅』は『毎日新聞デジタル5月7日版』「差別や悲しみ、命と向き合う物語」と一部内容の重なる部分があります。

生《い》きるために本当《ほんとう》に大切《たいせつ》なこと

渡辺《わたなべ》憲司《けんじ》

令和3年 2月25日　初版発行
令和6年 12月10日　再版発行

発行者●山下直久

発行●株式会社KADOKAWA
〒102-8177　東京都千代田区富士見2-13-3
電話　0570-002-301（ナビダイヤル）

角川文庫 22547

印刷所●株式会社KADOKAWA
製本所●株式会社KADOKAWA

表紙画●和田三造

●お問い合わせ
https://www.kadokawa.co.jp/（「お問い合わせ」へお進みください）
※内容によっては、お答えできない場合があります。
※サポートは日本国内のみとさせていただきます。
※Japanese text only

ISBN 978-4-04-111062-1　C0195

角川文庫発刊に際して

角川源義

第二次世界大戦の敗北は、軍事力の敗北であった以上に、私たちの若い文化力の敗退であった。私たちの文化が戦争に対して如何に無力であり、単なるあだ花に過ぎなかったかを、私たちは身を以て体験し痛感した。西洋近代文化の摂取にとって、明治以後八十年の歳月は決して短かすぎたとは言えない。にもかかわらず、近代文化の伝統を確立し、自由な批判と柔軟な良識に富む文化層として自らを形成することに私たちは失敗して来た。そしてこれは、各層への文化の普及滲透を任務とする出版人の責任でもあった。

一九四五年以来、私たちは再び振出しに戻り、第一歩から踏み出すことを余儀なくされた。これは大きな不幸ではあるが、反面、これまでの混沌・未熟・歪曲の中にあった我が国の文化に秩序と確たる基礎を齎らすためには絶好の機会でもある。角川書店は、このような祖国の文化的危機にあたり、微力をも顧みず再建の礎石たるべき抱負と決意とをもって出発したが、ここに創立以来の念願を果すべく角川文庫を発刊する。これまで刊行されたあらゆる全集叢書文庫類の長所と短所とを検討し、古今東西の不朽の典籍を、良心的編集のもとに、廉価に、そして書架にふさわしい美本として、多くのひとびとに提供しようとする。しかし私たちは徒らに百科全書的な知識のジレッタントを作ることを目的とせず、あくまで祖国の文化に秩序と再建への道を示し、この文庫を角川書店の栄ある事業として、今後永久に継続発展せしめ、学芸と教養との殿堂として大成せんことを期したい。多くの読書子の愛情ある忠言と支持とによって、この希望と抱負とを完遂せしめられんことを願う。

一九四九年五月三日